走向100
——给孩子一架登高的云梯

周秀凤 著

华夏出版社
HUAXIA PUBLISHING HOUSE

图书在版编目（CIP）数据

走向100：给孩子一架登高的云梯/周秀凤著. — 北京：华夏出版社，2012.10
ISBN 978-7-5080-7091-9

Ⅰ.①走… Ⅱ.①周… Ⅲ.①家庭教育 Ⅳ.①G78

中国版本图书馆CIP数据核字(2012)第151315号

走向100——给孩子一架登高的云梯

作　　者	周秀凤
出版策划	嘉伟文化
责任编辑	刘晓冰
特约编辑	周　莹

出版发行	华夏出版社
经　　销	新华书店
印　　装	北京汇林印务有限公司
版　　次	2012年10月第1版　2012年10月第1次印刷
开　　本	710×1000　1/16
印　　张	11.5 印张
字　　数	117 千字
定　　价	25.00 元

华夏出版社　网址：www.hxph.com.cn　地址：北京市东直门外香河园北里4号　邮编：100028
若发现本版图书有印装质量问题，请与我社营销中心联系调换。　电话：(010)64663331（转）

第一章　善于沟通——走向100

　　如果，你是一位望子成龙的父亲，请花些时间陪陪孩子；如果，你是一位望女成凤的母亲，请留点空间想想孩子；如果，你既不望子成龙也不望女成凤，你只是希望孩子健康快乐地成长，那就更应该蹲下来和孩子说说话，敞开彼此的心扉，听一听孩子的真实想法。爱孩子，首先就要进入孩子的世界……

不是网络惹的祸/2

花开了要分瓣/5

什么才是真正的英雄/8

给母爱排个名次/11

嘘，小点声批评/14

爱我你就陪陪我/17

欢迎叛逆/20

赞美是语言的钻石/23

第二章　文明有礼——走向100

　　谁不希望自己的孩子大方有礼、举止有度？谁不希望自己的孩子团结同学、尊敬师长？谁不希望自己的孩子遵守公德、听话懂事？正因为如此，文明礼仪对于提高孩子的素质、启迪孩子的心智、塑造成功的人生都有很大的帮助。但高山起于垒土，伟大出自平凡，任何伟大的天才，都要从学习做人起步……

石头也可以当作生日礼物/27

天上掉下个奥特曼/30

分享，是一种快乐/33

一个巴掌拍不响/36

对不起，密码错误/39

把乞丐接回家/42

有一种力量叫做表扬/45

祝福，永不过期/48

第三章　自尊自信——走向100

　　自尊，就是自我尊重。自信，则是指孩子对自己有信心。可以说，自尊和自信是良好非智力品质的核心，是孩子心理健康的主要标志。孩子有了自尊心和自信心，才能够全面真实地认识自己，在此基础上产生学习的需求，产生探究的动力，进而产生创新意识，尽最大可能地释放自我，展现自我，不断增长自己的才干……

吹着蒲公英回家 / 52

学会坚强 / 55

神马都不是浮云 / 58

我的地盘我做主 / 61

摔倒了再爬起来 / 64

赏识的魅力 / 67

小丫最爱升国旗 / 70

黑玫瑰的苦恼 / 73

第四章　热爱学习——走向100

　　兴趣是学习的马达，这个马达输送的动力不可限量，而孩子学习成绩的好与坏，就取决于学习兴趣高不高。只要家长对孩子的学习兴趣进行恰到好处的引导，孩子就能在兴趣中轻松学习，获得科学文化知识，产生远大理想，然后努力钻研，保持源源不断的学习动力。这些引导既包括家庭氛围的营造，又包括学习空间的创立，还包括批评与赏识的相辅相成……

把周末说成四个半天 / 77

数学那些事儿 / 80

让孩子喜欢阅读 / 83

倒车　请注意 / 86

让我一次玩个够 / 89

没有什么伤不起 / 92

自己跟自己比 / 95

作文，趣在想象 / 98

第五章　勤劳诚信——走向100

勤劳诚信，可以给孩子带来成功和幸福。因为勤劳，可以创造更多的精神财富和物质财富；因为诚信，可以赢得更多的机会和朋友；因为勤劳诚信，可以在花花绿绿的大千世界中，稳步迈向成功。我们的孩子正处在人生观和世界观形成的重要时期，教他们学会勤劳诚信，让孩子一生拥有享之不尽的财富……

小丫的报复／102

跟亲生无关／105

免费的晚餐／108

花的心思／111

彩色尾巴的雀儿／114

总有一样超过你／117

向小金鱼道歉／120

风一样的谎言／123

第六章　养成习惯——走向100

孩子养成的习惯会伴随他一生，对他的成长道路和生活方式有着重要的影响。在孩子养成习惯的过程中，父母起着举足轻重的作用。因此，作父母的只有一种选择：培养孩子的好习惯，让孩子受益一生。做事有计划，懂得珍惜时间、勤俭节约、不再粗心，等等，都源自于家长的正确教育和恰当引导。事实证明，家长是孩子良好习惯养成的最好参照物……

心动不如行动／127

等一会儿再生气／130

吃出来的幸福／133

从一根葱开始／136

粗心是一种病／139

计划，赶得上变化／142

为自己赚时间／145

听，比说更重要／148

第七章　创新实践——走向100

怎样激发孩子的创新精神？怎样培养孩子的实践能力？这是家长常谈不厌的话题，因为孩子的创新实践能力越强，长大之后取得成就的可能性就越大。不知道家长是否注意到，实际上孩子最初的创新实践，也许仅仅表现在一道题上。不同的孩子，解题速度是不同的；不同的孩子，解题方法和技巧也有很大差别。正所谓创新要精神，实践出真知……

让梦想开花／152

姜还是老的辣／155

胆小不是天生的／158

罗马有多远／161

我给女儿发工资／164

老家有棵银杏树／167

我和金钱有个约定／170

亲在大自然／173

第一章 善于沟通——走向100

如果，你是一位望子成龙的父亲，请花些时间陪陪孩子；如果，你是一位望女成凤的母亲，请留点空间想想孩子；如果，你既不望子成龙也不望女成凤，你只是希望孩子健康快乐地成长，那就更应该蹲下来和孩子说说话，敞开彼此的心扉，听一听孩子的真实想法。爱孩子，首先就要进入孩子的世界……

不是网络惹的祸

今天，网络已经不再是陌生的名词，也不再是洪水猛兽，孩子对电脑更是驾轻就熟，但是，网络让孩子眼里的世界变大的同时，也在让孩子身边的世界变小。如果孩子上网成瘾，将会产生一系列后遗症：学习成绩下降、不和朋友交往、沉迷于虚拟世界不能自拔、身体健康状况直线下降，等等。因此，如何引导孩子正确利用网络，不被这把双刃剑伤害，是家庭教育"走向100"中一项艰巨而又紧迫的任务……

星期六的上午，外甥小米说要去给同学过生日，姐姐本来是不同意的，平时她对小米管得很严，一般不准他单独外出。可是他软磨硬泡："妈妈，你就让我去吧。我都读五年级啦，约好了和同学一起给鹏飞过生日，要是不去，我多没面子呀！再说，我们又不出去玩，就在他家里玩！"姐姐经不住小米的软磨硬泡，答应了他。不过有个前提，必须早点回家。小米自然是满口答应。

吃过中饭，小米还没有回来，姐姐有点着急了。她打电话问了好几个孩子，都不知道鹏飞家的电话号码。姐姐认识鹏飞，还知道他家的大概位置就在离姐姐家不远的巷子里，所以小米走的时候她就没怎么在意。可不管生日聚会多么热闹，这时候也该回家了啊……姐姐越想越不对，骑上自行车就去找。她围着鹏飞家的大概位置转了好几圈，问了好几个住在附近的人，终于找到鹏飞的家。鹏飞妈妈热情地招呼姐姐，她说："小米确实来给鹏飞过生日了，但他没有吃午饭就跑了，怎么也留他不住。"

姐姐心里有点紧张了，问道："那他是几点走的？有没有说要到哪里去？"鹏飞妈妈一脸歉意地说："大概是11点吧，因为我们两家住得不远，我想他能自己来也能自己回去，就没有送……"

姐姐看了一下时间，是下午2点，已经过去了三个小时，小米到底上哪儿去了？

被人贩子拐走了吗？几乎不可能啊，谁不知道小米睡着了比人家醒着还管事。到广场上溜旱冰？或者到体育场看别人打球？姐姐把他可能去的地方找了个遍，依然没有小米的影子。

怀着一丝侥幸的姐姐又把自行车骑回家，心想说不定小米已经自己回家，正在家门口等着她。可等她的却是失望，到家后依然没有小米的影子。姐姐彻底慌了手脚，只差要去报警了。当她抱着最后一线希望再次转悠到鹏飞家附近的巷子里时，忽然看见一个熟悉的小小身影，是小米！他哼着歌正从巷子口走出来，看见妈妈的瞬间就像中了定身法，一动不动。

姐姐气不打一处来，她厉声喝问小米："到哪里去了？"小米镇定地往左边巷子里一指，说道："在林林家玩……"可他没想到妈妈要跟他玩真的，一定要他带路，到林林家证实一下。小米只好把手又往右边巷子里一指："不对不对，不是林林家，是这边的沙沙家……"他妈妈也坚持要去沙沙家看看。

小米没辙了，只好说了实话。原来他一直躲在附近的网吧里上网！

听到这里，姐姐的肺都气炸了，她根本没想到小米敢去网吧上网，不只是上网，还一个劲儿地撒谎！盛怒之下的姐姐把小米带回家，关在屋里一顿暴打，打完了娘儿俩又抱头痛哭。

娘是恨铁不成钢，儿是身心都受伤……

晚上我一下班，姐姐就把我叫过去，告了小米的这一大"恶状"。

我也很震惊，虽然小米很淘气，但跟"坏"好像还沾不上边儿；而且姐姐家有电脑，犯得着泡网吧？网吧里的人良莠不齐，万一碰到坏人……姐姐忧心忡忡地说："谁说不是呢？这有了第一次就有第二次，到时候上网成瘾，一切都毁啦！"小米满面泪痕地低着头，一言不发。

我和颜悦色地问："不是给鹏飞过生日吗？怎么会过到网吧里去？是不是有预谋？让妈妈以为你在鹏飞家吃午饭，让鹏飞妈妈以为你已经回家，打的时间差呀？"小米咬着牙不说话，他可能还在懊悔自己的"作案手段"太拙劣，耳根红彤彤的。

此时，我觉得有必要先站在他的立场上说两句，于是我又说道："其实，我们也不反对你上网，玩玩游戏、查查资料、聊聊天，只要是正当的都是可以的，家里也为你准备了电脑，干吗非得撒谎跑到外面网吧里去上网呢……"

没想到，小米一下子爆发了："不要说得那么好听！你问妈妈，什么时候准我上过网？我在家里偷偷玩了一次，她连网费都不交啦！在学校里，同学们讲网上的事，我就像一个白痴，啥都不知道，再这样下去，我就成了两耳不闻窗外事的孤家寡人……"

第一章 善于沟通——走向100

3

我用责备的眼光看着姐姐，姐姐解释得很牵强："不准你上网，就是怕你的学习成绩下降！"

小米不服气地吼道："天天不上网，我的学习成绩怎么没见上升啊？你越是不准我上，我就越是天天想上……"

唉，还能说什么呢？压根儿就不是网络惹的祸啊！

我们既不能把网络视为洪水猛兽，也不能让孩子放任自流。经过商量，小米和姐姐达成协议：小米坚决告别网吧，每天完成作业后，可以在家里上网半小时；妈妈可以随时督查上网内容；如果儿子邀请妈妈进行网络游戏比赛，上网时间可以适当延长……看母子俩都如释重负，我也松了一口气。

由此可见，孩子迷恋上网，做父母的并不能一味地责怪打骂孩子，更不必太过惊慌失措。我们家长首先应该去思考一下，是什么原因将孩子推向了网吧？找出原因，才能对症下药。其实，要想让孩子走出虚拟的网络世界，方法很简单：只需要给孩子一个温馨的、充满活力的现实世界。

花开了要分辨

有责任心的家长都知道，训练孩子的独立能力十分必要。可在现实生活中，我们往往说得到做不到，总想给孩子无微不至的关怀，给孩子尽心尽力的疼爱。就在这种密不透风的关怀疼爱之下，孩子一点点丧失了动手动脑的能力，变得事事依赖家长。其实，父母替孩子做他力所能及的事，是对其积极性的最大打击，同时也使孩子失去实践和锻炼的机会。要培养孩子独立的人格，父母就应该把孩子看成独立的个体，从生活常规教育开始，点点滴滴汇入"走向100"的洪流之中……

独立是孩子立足社会的前提，这个大道理，当妈妈的自然都懂。但"看花容易绣花难"，很多事理我们心里明白，实施起来却有困难。比如我常常教育小丫"自己的事情自己做"，她也认可这个道理。可分床睡这件小事却迟迟得不到落实。

第一次说分床是在她满八岁的上半年。孩子这么大还没分床睡，说出来就像个笑话。可女儿却坦坦荡荡："笑什么笑？我爸经常不在家，我陪我妈睡，我跟我妈做伴，有错吗？"不管这理由多么冠冕堂皇，分床睡已经势在必行。我或明或暗地跟她做了好几次思想工作，她总是支支吾吾，顾左右而言其他。

有一天，他爸又在发牢骚："挤死了！八岁的小姑娘，还跟爸妈挤一张床！"

我也跟着帮腔："就是嘛！你爸爸一米八的个头，蜷在床头像只龙虾；我贴在床边，夜里好几次差点掉下去！"

小丫没吱声，掀起被子把脸蒙上。

我看她没有动静，就知道她又在哭。

果然，半响她掀开被子擦擦眼角，说道："既然嫌我挤，嫌我碍事，当初干吗要生我呢？每天早晨起床时我的脚都翘到墙上，你们还嫌我挤！"

真是让我们哭笑不得。

后来，她还给我出主意，说："妈妈，我建议把床加宽加长，这样就是长大了也不用分床睡！"

我大跌眼镜，只好说道："这样创世界之最的大床，妈妈可没本事做！"

她不以为羞，还紧紧搂住我的脖子撒娇道："那就等过了暑假再说……"

9月1日开学，我想趁着新学期新气象，把分床的事办妥。为了哄她到小床上睡，我给她添置了一套崭新的床上四件套。

粉色的被子，粉色的床单，粉色的枕头，粉色的靠背。

门口还挂上一串粉色的风铃，风一吹，叮叮作响。

我羡慕地说："睡这样的床，说不定做的梦也是粉色的呢！"

这下小丫开心了，她乐不可支地说："妈妈，今晚我就睡小床，你和爸爸都不许抢我的小床哦！"她甚至给流氓兔、玩具熊都安排了工作。一个在床头给她站岗放哨；一个在床尾捂脚取暖。

晚上，她在小床上才躺一会，就赤着脚跑到我的大床上："妈妈，我肚子不舒服，在你床上躺一会儿！就一会儿啊！"我没有揭穿她的小把戏，只是慈爱地给她揉着肚子。可揉着揉着她竟然闭上眼睛假装睡熟，怎么喊都不应，结果又在大床上赖了一宿。

唉，就这样，东西搬过去半个月了，人还没搬过去。她总有理由留在我的大床上，不是头痛脑热，就是悄然睡熟；不是好话说尽，就是有礼相送……这些小花招耍得我难以招架，分个床而已，弄得娘儿俩玩起了智慧大比拼。

还好，就在我无计可施的日子，我们家托管部住进两个女生，恰好都是九岁。

榜样就在面前，找什么理由都让她自惭形秽。

小丫知道"在劫难逃"，挽着我的手臂，可怜巴巴地说："妈妈，你先陪我睡，让我适应适应吧！"就这样我又一口气陪她睡了四个晚上，睡得直打喷嚏——小床太小，感冒啦！我只得撤回老巢，惹得她爸爸几声冷笑："陪啊，怎么回来了？上大学看你还陪不陪？感冒了活该！"

唉，可怜天下慈母心！

小丫不傻，看形势知道妈妈无法再陪她睡，又拟了一个口头协议：每周星期一、星期三、星期五她一个人睡小床，星期二、星期四、星期六、星期日跟我睡大床。为稳住局势，我点头同意。见我这么快达成协议，她显得有点不甘心，在我的大床上滚来滚去，唉声叹气："唉，跟谁不是睡啊？你为什么跟爸爸睡而不跟我睡呢？他还是个男生呢，我们两个女生睡不是更好吗？唉……"

面对这个实在想不通的小不点,我有点没辙,倒是她爸爸一声吼:"哪来这么多问题?到100岁还跟妈妈睡,好不好?"被她爸爸这么一吼,她只得怏怏不乐地去睡了,而我忍了几次,才忍下陪她睡的念头……

夜里,我好几次过去,给她盖上被她踢掉的被子,扳她睡扭的身子,看她脸上的泪痕,心痛得只想把她拥在怀里。但我不能这样做,我怕有一天当我不能再给她温暖、给她照顾时,她会感到失落和无助;我怕自己过分的爱会给她带来负面效应,让她产生更强的依赖性。

其实,在孩子的成长过程中,父母应该适当留一点独立的空间给孩子,让他们根据自己的童心童趣自由活动,这是孩子在家里应有的地位和权利,也是家长培养孩子独立意识的必要准备。如此看来,分床睡只是一件平常事,没什么委屈,也没什么不舍。像树大了要分权,花开了要分瓣一样自然而然。

什么才是真正的英雄

安全才能回家！对孩子进行科学的、系统的安全教育，既是孩子健康成长的前提，也是家长义不容辞的责任。孩子是祖国的未来、家庭的希望，他们能否安全健康地成长，直接关系到家庭的幸福和国家的兴衰。但近年来，小学生在各种意外中遭遇不幸的事件屡见不鲜，这说明小学生的安全防范意识与自我保护能力仍然不足。那么，我们在引导孩子"走向100"的过程中，当务之急的一点就是要改变"重保护而轻教育"的安全教育模式……

人生最大的悲剧是什么？是不懂得珍惜生命；比不懂得珍惜生命更大的悲剧是什么？是懂得珍惜时生命已经不在。不要嘲笑我套用这个句式，也不要认为事情没有我想象的那么严重。在对孩子进行安全教育的时候，一定不能存在侥幸心理。这不，姐姐的儿子小米就差点酿成大祸——

男生寝室里是高低床，小米睡上铺。姐姐天天叮嘱他，睡上铺一定要小心，慢慢上慢慢下，千万不要掉下来。小米满口答应，实际上他也是这样做的，睡了一个多月的上铺，安然无恙。姐姐还在铺床的时候用了一点小心思，她把褥子两边铺高中间铺低，这样小米就像睡在摇篮里一样安稳自在。

星期一的中午，小米照例在学校里睡午觉，却发生了意想不到的情况。

小米从家里带去一本《阿衰》，孩子们兴致勃勃，争相传阅。

这个说："小米，给我看，我叫你哥哥！"

那个说："小米，给我看，以后我什么都听你的！"

被人围着乞求的感觉很受用，幼稚的小米顿时觉得风光无限。可有一个室友偏不让他风光，他直接把小米的《阿衰》抢走，躺到自己的床上，优哉游哉地跷着二郎腿，看得津津有味。这可把小米气坏了，他趴在床边索要了好半天，那室友就是不给。无奈就寝铃声已响，小米只得爬到自己的床上。

本来可以睡得相安无事，可那个室友偏偏是个淘气包，他睡在床上举着书，压着嗓子喊："小米，来拿书！小米，来拿书！"小米恼火了，他坐起来，看了看又睡下了。

为什么呢？

因为那个淘气包恰好睡在他的对面上铺，他够不着，中间隔着一米宽的走道呢。过了一会儿，等巡视午休的老师一走，那个淘气包越喊越带劲儿："小米，来拿书！小米，来拿书！"这下全寝室的男生都听见了，要强的小米坐起来，气得满脸通红。

那个淘气包继续向他挑衅，说道："有本事，你跳过来！跳过来我就把书给你！"

不知轻重的男生们跟着起哄："跳！跳！小米，你就跳！"

小米站起来，他弓着身子往下一看，心里有点发虚。

那个淘气包又在对面床上喊："跳！你跳过来你就是英雄好汉，我拜你为师！"

小米怒目圆睁，他甩动着胳膊，作助跳热身，然后使劲一冲一跳，好了！没有跳到对面的床上，直接掉到地上了！孩子们惊得大呼小叫，老师闻讯赶来。幸好，小米的手脚尚完好无损，但耳朵却擦着床边的木片被割了一条口子，鲜血直流。

老师叫来姐姐，姐姐叫来我，我们赶紧把小米送到人民医院，急救、清洗、缝合、上药，末了，挂上吊针。姐姐又心疼又着急，她叹着气抱怨："你这个不听话的孩子！叫你不要爬高爬低，叫你不要疯赶打闹，你总是不听，这下结苦果啦……"我劝姐姐少说两句，心想小米此时心里一定愧疚无比，毕竟，他已是五年级的学生了。

谁知道小米叹了一口气，无比懊恼地说："唉，如果我刚才再用点劲就跳过去啦！就不会摔伤了！"姐姐听了气不打一处来："你不思悔改，还想着去拼命！今天幸亏你是割破耳朵，如果你是打断一条胳膊摔折一条腿，你就成了残废，成了生活不能自理的残废！"

小米不言不语，他可能觉得妈妈有点危言耸听。

而事实上，小学生在生活中突然遭遇不幸的事情，我们知道的还少吗？

我拉着他的手说："还记得三年级休学的金金吧？当时在你们班算是无人敢欺，无人敢惹，也是你们心目中的英雄吧？但为什么要休学呢？还不是因为逗英雄和同学们比赛倒着走，没有回头看路，结果撞到背后的大石头上摔成了腰骨折……现在人家转学了，你就忘记了教训？不要以为你是英雄，厄运不会降临到你的头上。什么才是真正的英雄？真正的英雄心胸豁达，时时刻刻懂得保护自己，保存自己的实力。只有自己平安健康，一切才有希望！"小米听了我的话，若有所思。

看他这个样子，我就给他分析当时可能发生的三种情况：

第一种是运气好，他跳过去了。跳过去之后，他们俩就会扭在一起争夺这本书，也许夺来夺去两个人都从床上掉下来，酿成更大的祸；就算不掉下来，逞强好胜的这对冤家至少也要打一架。

第二种是看到对方的挑衅置之不理，微微一笑："那我就把书送给你看吧！看完之后记得还我。"两人相安无事。

第三种就是他现在这个样子，他"勇敢"地跳了，没跳过去……

第一种可能是悲剧；第二种可能是喜剧；第三种可能是闹剧。

有了这三种可能，我给小米一个"如果"：如果这件事从头再来，你会选择哪一种可能？他惭愧地说："选择第二种，谁不喜欢喜剧呢？"接着，他又像个大人一样，叹了口气说道："唉，可惜生活不是彩排，不能从头再来啊！"

是的，生活不能从头再来。人在，伤在，疤痕在！对孩子进行安全教育，应该遵循生活课堂原则，即在日常生活中随时随地教孩子一些安全常识及自我保护的技巧。当我们结合生活中的具体事例来对孩子进行教育时，做到动之以情、晓之以理，这样孩子就会充分认识到成人的说教言之有理，从而自觉地接受教育。孩子安全地生活、健康地成长，才是家庭最本真的幸福。

给母爱排个名次

俗话说："可怜天下父母心。"父母给予孩子无私的爱，给予孩子无微不至的照顾和关怀，从来不求一丝回报。但是，有多少家长静下心来想过，这种无私的爱，孩子是不是乐意接受？这种崇高的给予，孩子是不是满心欢喜？这就涉及一个问题：如何爱孩子才最有分寸？我们不妨蹲下来，听听孩子怎么说；也许只有孩子简单而真实的话语，才能让我们顿悟爱的真谛，从而在帮助孩子"走向100"时少走弯路……

今天小丫学弹钢琴的兴趣很高，半小时就将一首汤普森的小夜曲弹得娴熟，我提前让她下了课，并且准备带她去吃烧烤。

一路上，女儿像小鸟一样飞前飞后，那副可爱样儿真让我喜欢。

我逗她道："小丫，知道妈妈最喜欢的人是谁吗？"

她装模作样地摇头，我亲她一口，说："当然是你，我的宝贝！"

"真的吗？"

"真的！"

这还用怀疑吗？女儿是娘的心头肉啊！

"那小丫和爸爸你比较喜欢哪一个？"小丫歪着头问。

"都喜欢！"

"谁排第一呢？"我不假思索地说："当然是小丫排第一，小丫爸爸排第二。"

这个小不点，还知道排名次呢！世上哪个妈妈不喜欢自己的孩子？可孩子是否也这样喜欢自己的妈妈呢？我决定也考考她，问这个有点庸俗又有点温馨的问题。

"小丫，妈妈和爸爸你比较喜欢哪一个？"小丫一口咬定都喜欢。

"谁排第一呢？"我故意问道。

她为难地皱起眉："两个并列第一不行吗？"

我也不想看到女儿为难，可这样的问题却偏偏让人充满期待，我坚持要听一听她的选择，于是口气不容置疑地道："不行，妈妈和爸爸只能选一个排第一！"

半晌，小丫才小声地说："妈妈排第一！"呵呵，这就是我想要的答案，我骄傲地笑了。本来嘛，她爸爸常年出车在外，小丫从十月怀胎到现在，哪一点不是我含辛茹苦地付出？

可不对呀，平时小丫说话声音没这么小呀，好像还有点不高兴？

为了表示我的民主，我蹲下来，看着她的眼睛鼓励她："说真话，说真话才是好孩子！"

我鼓励了几遍之后，小丫终于怯怯地说："妈妈，你别怪我！其实我心里一直把爸爸排在第一。"

天哪，难道我常年的守护还抵不上她爸爸一月一次的看望吗？我为她讲故事、放歌碟；为她写成长日记；为她买书订报；为她买琴学艺；为她参加各种活动；为她……不行，我得为自己的出力不讨好要一个说法！

小丫不说我不知道，一说把我吓一跳，原来我这个妈妈是如此不堪。

小丫吸吸鼻子说："爸爸从来不打我，你一发火就拍我屁股；爸爸有时间就带我翻双杠，你总叫我小心再小心；爸爸喜欢给我买玩具、买零食，你只会给我买书、买本子、买笔；爸爸从来不催我学习，你有点时间就叫我写字、画画、弹琴……"

可是我清清楚楚记得，上个星期六我才带她到北湖郊游呀！

那天风和日丽，她在桃树脚下，一会儿找蚯蚓，一会儿追蝴蝶，不是玩得非常愉快吗？记得我当时还给她编了一个草戒指，然后指着树上的桃花说："如果你能数清树上的桃花，这个草戒指就送给你！"小丫扬起头，数得津津有味。可满树的桃花哪儿数得清呢？我装出体谅的样子，放低要求："你只要数到50朵桃花，这草戒指就送给你啦！"小丫很快数到了50朵，我把草戒指戴在她的食指上，她举着手指左看右看，简直是爱不释手。我趁机进一步提要求："能不能就用这根戴戒指的手指，再数一数1~50之间的奇数偶数呢？"小丫爽快地答应了，把1~50之间的奇数偶数复习了一遍。

我承认我在对孩子的教育上有点耍小聪明，可小丫她并不知道啊，那天她玩得那么开心！可能小孩子健忘，让我来为她恢复美好的记忆吧！

"上个星期天，妈妈不是带你出去玩了吗？"没拿上"名次"，我实在是心有不甘。

"可是，你是带我出去玩还是为了搞学习！那次看桃花你要我练习数数；捉蜻蜓你又叫我画蜻蜓；在湖里洗个手，你还要我给湖水造个句……"女儿越说越伤心。

我从来都不知道，女儿的小心眼里竟装着这么多委屈！我只知道凭着自己多年的教学经验，凭着一颗炽热的爱子之心，抓紧一切时机对女儿实施最有效的随机教育。仔细想一想，我对女儿的哪一天没有要求，安排给女儿的哪项活动没有教育意义？这些教育目的和任务，或明朗或隐含，而且我还自鸣得意，以为自己的这招就是传说中的"玩中学、学中玩"……

见我半晌不言不语，女儿赶紧牵紧我的手："妈妈，你别怪我！我想好了，如果过几天爸爸还不回家，我就把你排在第一！"傻小丫！妈妈怎么会怪你呢？怪也只怪妈妈自己平时不够努力，所以今天没有拿上小丫的"名次"。

"这样吧，以后每个月请你对爸爸妈妈评一次，下个月妈妈争取拿名次排第一！"小丫一蹦老高："妈妈拉钩儿！"我刚翘起小指头，女儿就附在我耳旁说："妈妈，我要瞒着爸爸悄悄地教你拿名次。"

今天学到的"夺冠秘诀"让我这个年轻的妈妈受益匪浅。原来自以为花费心思所做的，孩子不一定接受；自以为绞尽脑汁安排的，孩子也不一定乐意；自以为是寓教于乐，孩子还是不肯买账……事实证明，家长在教育孩子之前，一定要蹲下来，听听孩子的想法。我相信只要认真倾听，找到两代人想法的交汇点，对孩子的爱既不泛滥成灾，也不无的放矢，那么我们的孩子就不会唯命是从，长大之后也绝不会平庸。

嘘，小点声批评

　　孩子做错了事，家长肯定要批评。可是，如果措词太严厉，他们会有情绪上的抵触；如果语言太过含蓄，他们又不把批评当回事儿。那怎样批评才能收到理想的效果？有人曾做过一个有趣的抽样调查统计，教育效果的好坏在一定程度上和家长批评孩子声音的高低成反比：越是喜欢大声呵斥孩子的家庭，孩子的改进情况越是不理想；而那些跟孩子说话平心静气，能比较理智地批评孩子错误的家庭，往往对孩子的教育更成功。如此说来，批评也需要艺术，需要我们在孩子"走向100"的途中恰如其分地使用……

　　姐姐是个急性子，碰到孩子犯错总是心急火燎，非厉声呵斥就不能平息心中的怒火。小米小时候，这一招还挺管用，有时候只呵斥一声，小米就赶紧"改邪归正"了。但进入小学之后，这种"呵斥法"好像失灵了。

　　通常情况下，小米对姐姐一般的批评都会置之不理，等到姐姐失去耐心大声咆哮，他才肯好好听一会儿话。我在旁边苦口婆心地劝说，他也是左耳朵进右耳朵出。再这样下去，他就成那种"大错不犯，小错不断"的小油条啦！唉，要是真的演变成这种状况，无论对家长还是对孩子这都是一种残酷的折磨……

　　偏偏他又犯错误啦！星期天的下午，我和姐姐家都没有大人，于是就把他们兄妹俩聚在姐姐家一起玩。临走的时候，我们千叮万嘱：把门锁紧，在家里看电视、看书、做游戏，千万千万要注意安全！

　　谁知我们前脚刚走，小米后脚就把小丫领出了门。到哪里呢？小米神秘兮兮地说，去一个最好玩的地方！小丫跟着他七弯八拐，竟然到了师范学校的院子里。这里草木茂盛，假山林立，是一处读书的好地方。小米可不是进来找读书的好地方的，他想带妹妹到荷花池里摘荷花。上个星期他刚进来就瞅准了荷花池，荷花池里各色荷花争奇斗艳，碧绿的荷叶可以举在头顶搭个小凉棚呢！

　　小米站在水池边，先捡了根树枝对准一朵娇艳的荷花使劲地捞，可怎么也够不着。他烦了，就把树枝递给小丫："妹妹，你来！我在后面抱住你的腰，这样我们就可以接长一点，离荷花更近一点。说好了，这第一朵荷花就送给你！"

小丫一听心花怒放，哪个小女孩不喜欢花呢？她使出吃奶的劲儿猛地把树枝往荷花上一勾，哎呀！荷花没勾着，小丫的鞋子却掉了一只，咕咚咚沉入荷花池里没了动静。

小米慌了神，本来就是一个秘密的冒险行动，这下鞋子没了，等于不打自招啊！小米趴在池子边用手摸，摸了一手青苔；用树枝搅，搅了半池子浑水。

小丫急得直哭："你赔你赔，要你赔！"小米插了一根棍子，发现荷花池不深，他竟然卷起裤腿就跳进荷花池。可他还没有开始摸鞋子，就被学校保安像拎小鸡一样把他从荷花池里拎起来了……

后来，保安叔叔帮小丫把鞋子找到了，但是不放他们俩走，非要家长来接不可。闻讯赶到的姐姐当场大发雷霆，她一直奉行"当面教子"的古训。小丫毕竟才读二年级，犯错快认错也快；可读四年级的小米却一言不发，根本没有认错的意思。

回到家姐姐就彻底爆发了。她越说越有气，越说声音越大：俗话说水火不留情，要是淹死了可怎么好；荷花是看的又不是玩的，好端端的你摘个什么劲儿；叫你别乱跑，你还锁上门到处去转悠；你一个人去便罢了，你还带上妹妹，哪像个哥哥……

姐姐吼了一通，小米倒是每一句都有对词：荷花池的水不深，淹不死人；荷花好看，所以我想摘回家来看；家里太闷，我出去玩一会儿又不犯法；正因为我是哥哥才帮妹妹捞鞋子……

姐姐气急，抡起巴掌要扇人，小米则是一副视死如归的样子。

看了小米这个样子，我真是着急：这怎么行呢？小米起码要知道他错在哪里呀，何况这种危险情况更要严厉批评！可我发现姐姐声音越大小米越无所谓，于是我把食指压在嘴唇上："嘘，小点声批评！"然后又转向小米，一字一顿地说："小米，你要觉得自己没错，你就去玩吧！"声音不大，但字字有力。

小米愣住了，不犟嘴也不晃悠了，他窘得涨红了脸，不敢挪动半步。我的声音更小："如果今天你听不清我说的话，那你就要对你的一切行为负责！"小米几乎是屏息凝神，小丫也是大气不敢出。

我的脸上没有一丝笑意："平时你们犯的小错误我们都没计较，但今天不同，孩子们玩水犯的可是大错误，我要罚你们面壁半小时，永远记住任何时候

第一章 善于沟通——走向100

都不能到危险的地方玩耍！"

小米和小丫可怜巴巴地转过身子，看得出来，这种小声批评的震慑力让他们面对自己的错误无处可躲。对这种当场处罚，他们也是心服口服，面壁时兄妹俩都站得规规矩矩，低头不语。

姐姐懊悔地说："早知道小声批评比大声斥责更有效，我又何必每次都声嘶力竭呢？"也就是这次批评，让小米三年后还记忆犹新。他说："我到今天都还记得小姨的那次批评，我从来没听过那么小声的批评——任何时候都不能到危险的地方玩耍！"

这个事例就能说明批评孩子的时候，声音越小反而越能引起孩子的注意。当我们小声批评孩子的时候，不但可以吸引孩子的注意力，还可以让我们变得理智，情绪相对平和；同时也可以使孩子缓解心理压力，减少抵触情绪，更有利于彼此之间的沟通。如此有效的批评方法，你还等什么？赶快试试吧！

爱我你就陪陪我

有人说现在的孩子什么都不缺,衣食住行,家长总是尽自己最大的能力给予。表面看来该给孩子的似乎都给了,可实际上却忽视了孩子精神层面的需求。其实,孩子最缺少的是和父母在一起玩乐的时光。因此在繁忙的工作和生活中,做父母的一定要重视和孩子的亲密接触,尽可能地多陪孩子,建立良好的亲子关系。这对孩子健康心理的形成将产生积极的影响,能进一步激发孩子对"走向100"的憧憬……

周末,我要到辅导中心讲课,照例准备把小丫送到爷爷奶奶家,走到半路,碰到了小丫爸爸。他说:"我的事办完了,今天刚好不出门,就让小丫跟我在家待着吧!"我看出来小丫不甚乐意,但又不敢违抗她爸爸的旨意,只好恋恋不舍地对我挥手道别,跟爸爸回家了。

中午我没回家吃饭,晚上回去得也有点晚,难得她爸爸在家,我也省下心来多做点工作。等我回家的时候,小丫已经睡了。她爸爸说:"你可把孩子给盼坏了,她一遍又一遍地念叨,妈妈怎么还不回来呀?看得出来,她跟我在一起,简直是受罪!"

我不以为然:"受什么罪呀?她的作业昨天都做完了,今天你陪她在家里尽情地玩一天,还不开心吗?"

小丫爸爸苦笑着说:"开心什么?我看她那个样子,战战兢兢的,好像下辈子都不想单独跟我在一起啦。我看电视,她就去玩电脑;我玩电脑,她就去看电视。我在厨房,她就去客厅;我到客厅,她又去上厕所……"

也难怪,小丫长到八岁,还没有跟爸爸单独相处的经历。不是我们一家三口在一起,就是我们娘俩在一起。哎哟,我还从来没有注意到这个问题,这些年他有那么忙吗?

我来了兴致:"那你给我说说,你们中午吃的什么?"

他不紧不慢地说:"我就炒了一盘鸡肉,烧了一个茄子,你猜小丫吃了多少?她竟然吃了三碗!"嫉妒!我每天都拿着菜谱看,细细研究,慢慢琢磨,蒸煮煎炸，样样都试过，小丫最给面子的时候也就是吃两碗而已。

我酸溜溜地说："那你肯定使出了独门功夫，把这两个菜的做法也教给我吧！"

"我开始也是这么想，觉得挺自豪的，可我看她那样子，好像不是特别爱吃，吃得很勉强！"小丫爸爸好像有一点担心。

"看看，又在我面前炫耀是不是？她都读二年级了，自己能不能吃还不知道啊？绝对是你做的菜合她的胃口！"我的小丫我知道，看到好吃的都是狼吞虎咽的，叫她装斯文她装不来啊。

"可她晚饭刚刚吃完就睡了，她说等你回来后就叫她……你去她房间里看看！"我轻手轻脚地走到她的床边，还没弯下腰，小丫一骨碌爬起来抱住了我，原来她根本没有睡着。"妈妈，你怎么才回来呀？人家等你都等半天啦！"我连忙把灯打开，看到小丫的脸上还有泪痕。

我有点不明白："今天爸爸从早到晚都陪着你，你哭什么呀？听说中午还吃了三碗饭，都是白吃的？没出息！"

"我就是没出息！妈妈，你不知道，跟爸爸在一起，好难受呀！我说不敢说，笑不敢笑，玩也不敢玩……我都不知道该跟他说什么，他问一句我答一句，啧啧啧，那滋味……你再也不要安排我单独跟他在一起啦！"小丫似乎心有余悸。

"这么不开心，中午怎么还吃得下三碗饭呢？"

"唉，别提这个三碗饭，好不好？到现在还堵在喉咙管呢！你说，他给我盛了一碗又一碗的饭，我敢不吃吗？他给我夹了一筷子又一筷子的菜，我敢不要吗？我都吃得快撑死啦！"小丫长舒一口气："啊，幸亏你回来了，我解放啦！"

我听了哭笑不得："你吃不下不知道说吗？爸爸又不是外人，爸爸是最爱你的！"

"爱我？你看他是怎么爱我的？我刚把他夹的鸡肉吃完，他又飞来一块，天知道我是怎么拼命塞进去的……晚上我实在不想再跟他单独相处了，就假装要睡觉等你回来……"

这爷儿俩，演的哪一出啊？

小丫言犹未尽："妈妈，还有呢！因为我们在家没话说，下午爸爸就带我去逛街。我心里是千不想去万不想去的，可我也只好跟着，你猜我们逛了哪儿？就逛了一下德克士，吃了一个炸鸡腿回来啦！"

"你不是喜欢逛街吗？为什么不叫爸爸陪你多逛一逛呢？"

"妈妈，你以为爸爸是你啊？想说什么就说什么，想干什么就干什么，简单地说，不自由！爸爸是可以给我买东西的人，不是可以陪我玩的人。"我还想说什么，她爸爸就进来了，原来他一直在外面偷听呢！

小丫赶快用被子捂住脸，爸爸"嘿嘿嘿"地笑着，过来挠她的痒痒。"你不是说爸爸不爱你吗？我就表现给你看看！"爸爸厚着脸皮想跟她套近乎，小丫竟然有点恼火："哎呀，烦人！不跟你玩，我要跟妈妈玩……"

爸爸伤心地说："爸爸对你不好吗？爸爸在外面挣钱，你想要什么爸爸就给你买什么，爸爸有哪一点对不起你？"

说完爸爸伸手就想抱小丫，小丫尖叫着："爱我你就陪陪我，你什么时候陪过我呀？每次回来都说你很忙，除了会给我买东西，你还会什么？"她爸爸怔住了，看着我发呆："我以为我们家小丫什么都不缺……"原来孩子最缺少的，就是和爸爸在一起玩的快乐时光。

的确，在孩子的成长中，父亲不能缺席。不能因为满足了孩子对物质的需求，就忽视孩子的感情需求；不能因为忙于自己的事业，而把跟孩子亲近的时间都挤掉。如果你真爱孩子，就多花些时间陪陪他，多和他一起玩耍，这样才能真正走进孩子的生活。

欢迎叛逆

什么叫叛逆？就是孩子产生了逆反心理以及相伴滋生的对抗行为。叛逆的实质是什么？总体说来，叛逆是一个转折期，孩子在这个时期的各种心理变化都反映了孩子在心理方面的进步，说明孩子已经有了自己的思想和见解。所以，当家长认识到孩子出现叛逆不只有消极的一面，还有积极的一面时，就应该慎重对待孩子的这一时期，并且采取欢迎的态度，引导他顺利度过叛逆期。因为这是孩子"走向100"避不过的一道坎，如同唐僧师徒取经必经的火焰山……

晚上，姐姐给侄儿小米换枕头套时，发现小米的枕头底下竟然藏有一张女生的照片。姐姐当时就震惊了，她拉过小米就想问个究竟："这是谁？你为什么会有她的照片？"

小米的脸一下子红了，但他还是镇定回答："我不认识，照片是捡的！"

姐姐冷笑一声："捡的？捡的照片还藏在枕头底下？"

小米说："不相信就算了！"说完扭头往卫生间走。

姐姐把照片摔到桌子上就大呼小叫："小米爸爸，你过来看看，你养的好儿子！上学不干正经事，这么小就私藏女生的照片！"

姐夫拿着照片左看右看，正看反看，这不看不知道，一看吓一跳。原来照片的反面赫然写着——"小米的女朋友"！这怎么得了？

姐姐当场气哭了："你这个没出息的！才读六年级就知道谈恋爱，我还指望你毕业考重点中学，完全是痴人说梦……"

姐夫更是吹胡子瞪眼睛："不成器的东西！我好说歹说你不听，竟然人小鬼大不干正经事……"

小米爷爷也加入了讨伐团，他语重心长地说："乖孙子，学生的任务就是学习，其他事情你想多了就要荒废学业……"

小米奶奶则担心孙子挨打，她着急地说："好孙孙，千错万错都是你的错，你跟爸妈认个错就行了……"

可小米不认错，他眼睛看着窗外，满不在乎地咬着嘴唇。

这副死不改悔的样子彻底激怒了姐姐，她挥着照片说："好，好，你不说我也有办法知道，明天一早我就把照片交到学校去……"

这一招还是无效，小米硬邦邦地说："你交吧，大不了学校把我开除……"姐姐气得要揍人，小米还是负隅顽抗："你愿意怎么想就怎么想，反正我没做坏事！"

姐姐没辙，一早就把照片拿到我家。我一看，这女生不是别人，正是我们家托管部的纯纯。姐姐坚持要见一见纯纯本人。

我毫不客气地说："姐姐，纯纯已经上学了，这件事我觉得还是要从长计议，先弄清楚再说……"

姐姐气呼呼地说："明摆着的事，两个孩子纯属早熟，心术不正！这样的孩子怎么能搞好学习？我猜这个女孩也不是什么好学生！"

这个时候我不能不实话实说："姐姐，你不要打击一片！纯纯昨天的单元考试卷我看了，语文95分，数学97分，这成绩可是优等……"

姐姐听了越发来气："人家学习那么好，他还跟着干喝彩！你不知道，这段时间他在家里什么事都跟我对着干，我怀疑他已经进入了叛逆期！"姐姐气愤地说要到学校找纯纯，不见到纯纯这件事就没法解决。

我连忙拉住她，倒了一杯茶："你千万不要到学校！事情闹大对谁都没有好处，说不定到时候小米越逆反越不好好学习，那你后悔都来不及，况且马上就要毕业升学考试……"

最后一句话点中姐姐的死穴，她重重地坐到椅子上，声音里带着哭腔："那我就给纯纯妈妈打电话，两个家长各管各的孩子！你把她妈妈的电话号码给我……"号码我当然不能给，至少在事情没弄清楚之前，在这种糟糕的状态之下。

我小心翼翼地开导姐姐："你问了小米吗？他真有那样的小心思……"

姐姐有气无力地说："问了也没用！他什么也不肯说，嘴硬得像子弹壳！现在他气得不肯上学，站在外面等呢！"什么？小米还没去上学？我感到事情的严重性，叫姐姐把照片交给我，我要和他单独谈谈。

我轻声细语地说："小米，刚才你妈妈说你开始叛逆啦！真的吗？小姨认为这是个好消息，欢迎叛逆！这说明你在长大，有自己的思想了！你妈也是的，看到一张女生照片就兴师动众的……"

小米顿时万般委屈了："谁说不是呢？小姨，我为什么要叛逆？因为我的大小事儿妈妈都要拿出去说，她从来不知道尊重我………"

原来马上面临小学毕业，班上同学流行互赠照片。有的男生收到好几张女生照片，而小米没有女生缘，只收到一张女生照片。他随手把照片放在课桌里，不知道哪个捣蛋鬼在照片背后写了一行字——小米的女朋友！小米怎么也擦不掉。扔了吧，对不起纯纯，带着吧，又怕别人看见，想来想去就藏在枕头底下……

没想到，竟然被姐姐发现了，还不问青红皂白一个劲地说他早恋，他有口难辩："如果妈妈找纯纯的麻烦，或者让纯纯知道照片背后的字，我就不上学啦！"原来"智多星"也有愁眉苦脸的时候啊！我寻思一下，拿出笔在照片背后添了四个字，照片背后的字就变成了——"小米的女朋友不是纯纯。"

小米"扑哧"笑出声来，我也笑了："现在这张照片可以不用藏在枕头底下吧？好好保管，今天就带着照片去上学！"小米愉快地接过照片走了。

后来听姐姐说，小米在家里抱怨了好多次，想跟小丫换个妈妈呢……

这当然是笑话。可笑过之后，我们应该明白：在涉及孩子的个人隐私时，如果我们给予三分关注，留下七分空间；在孩子产生逆反情绪时，如果我们给予三分理解，留下七分尊重；在孩子懵然犯错时，如果我们给予三分批评，留下七分鼓励，那么即使在谈虎色变的叛逆时期，我们和孩子亲密无间地交流的大门也会照常敞开。

赞美是语言的钻石

人的精神层面里最本质的需求就是渴望得到赏识。这种赏识，除了表扬就是赞美。赞美，它有着巨大的威力，是我们乐观面对生活所不可缺少的；它更是人际关系的润滑剂，可以约束人的行为，使人自觉克服缺点，积极向上。当然，赞美不是虚伪的胡乱夸赞，也不是违心的阿谀奉承，它是真诚地看到别人的亮点，适当地肯定别人的优点。当孩子学会赞美时，就等于给"走向100"这个目标装上了助跑器……

大年三十，婆婆大清早就熬了一盆八宝粥，还煮了15个鸡蛋——全家五口人，每人三个。可准备吃的时候，我们都傻了眼。煮熟的鸡蛋剥开后应该是圆溜溜、白嫩嫩，象征着幸福和团圆，可是现在看到的熟鸡蛋全裂开了缝，蛋青从蛋缝里挤了出来，像一簇簇白色的荷叶裙边卷在鸡蛋壳外面。我知道，这是煮的时间过长造成的。

女儿不知道原因，她噘起小嘴一脸不高兴："这可怎么吃呀？我从来没见过这样的煮鸡蛋！"

婆婆尴尬地搓着手，公公的脸立马晴转多云，见他要发话，我急中生智地抢着说："这是开花的鸡蛋！你当然没见过，平时奶奶是舍不得煮的，只有过年她才露一手哩！我在电视上看过，这叫过年鸡蛋开花，来年健康全家！谁吃谁有福，快抢哟！"女儿笑着扑过来和我抢盘子里的鸡蛋，而婆婆则向我投来感激的眼神……

饭后，女儿和我咬耳朵："妈妈，你太有才！我看出来了，奶奶有点不好意思，爷爷呢，随时就要发火了……"我故作神秘地说："知道这叫什么招？这叫'妖妖大法'，赞美是这个大法的核心哦！"

后来，我把这个小故事写成文章，发表在《演讲与口才》上，还得了一笔稿费。小丫得知后更是对我佩服得五体投地："妈妈，把你的'妖妖大法'传给我吧，我也要学会赞美！"

这当然是好事。因为赞美是语言的钻石，学会赞美，就能更好地与别人沟通，让别人对你平添一份友好的感情。道理摆出来还不行，还要教小丫活学活用。

看，外公在山坡上劈了一堆木柴，小丫和小米负责往外婆的厨房里搬。小米比小丫大三岁，三下五除二就把自己的任务完成了，留下小丫一个人搬得吭哧吭哧。

小丫看小米翘着二郎腿坐在旁边喝饮料，心里挺不服气："哥哥，你过来帮我搬！"

小米斜了她一眼："凭什么？我的任务完成了，该我歇着，凭什么帮你？"

小丫扔下木柴，理直气壮地说："就凭你比我大！大的帮小的，天经地义！"

小米嘿嘿一笑："那吃饭的时候，你怎么没叫我帮你呀？吃零食的时候，你怎么没叫我帮你呀？哦，干活的时候就要大的帮小的，笑话！"

小丫哑口无言，只好一趟又一趟，搬得大汗淋漓。

我暗笑她的痴，点点她的脑门："妖妖大法！"

小丫心领神会，她拿了个橘子递给小米："哥哥，你真是个大力士，这么多柴一会儿就搬完了。不像我，真没用……"

小米接过橘子说道："你怎么没用呢？你也尽力了！"

"可小丫就是比不上哥哥，哥哥力气大，心眼好！小丫搬了这么久都没搬完，如果换做哥哥，最多只要五分钟……"小丫还没说完，小米就挽起袖子："妹妹，你去玩吧！你的活儿哥哥全包了。"

小米搬得气喘吁吁，小丫在一边载歌载舞，外公逗趣地说："可怜的小米，你又上小丫的当啦！"

小米乐呵呵地说："没关系，上当就上当，谁叫我妹妹说的话这么动听呢？"

我冲小丫挤挤眼："小丫，相信赞美的魅力了吧？"

过了几天，小丫一放学就气呼呼地找到我，说"妖妖大法"也有"失灵"的时候。原来上实验课的时候，班上有一个同学把小木船做大了，放不下容器，老师和同学都在批评这个同学。小丫看这个同学可怜，就"不失时机"地赞美道："你做得真好！我想做还做不成那个样子呢！"这个同学一听当然就恼火了。

难怪小丫觉得委屈，原来她把赞美跟虚伪的胡乱夸赞混为一谈了。我告诉她：赞美是发自内心的欣赏，既要真诚又要有意义；既要掌握分寸又要具体。比如，你要赞美爷爷，你可以说："爷爷，你真勤劳，家里的地总是扫得干干净净！"不要只是说："爷爷，你真是好爷爷！"小丫听了若有所思。

　　这以后，她还真的把学习赞美当成了一项重要的任务，时不时地送出真诚的赞美，也收到了意想不到的效果。她得意洋洋地说："妈妈，我被评为我们班最受欢迎的人，现在班上的同学都喜欢跟我玩，他们说跟我在一起特别开心，今天许老师也夸我很可爱！"

　　"为什么夸你可爱呢？"我知道许老师是一个不苟言笑的人。

　　"今天两个男同学打架，我是这样劝架的，我赞美甲说：你是一个胸怀宽广的人，这点小事还会跟别人过不去？赞美乙说：你是我们班上最文明的男同学，要不是亲眼所见，真不敢相信你还会打架！他们两个一听脸就红了，连忙松开手，互相道歉，哈哈……"小丫喝了一口水，接着讲："老师知道了就夸我是个好干部，才读三年级就这么会处理问题，我说这是因为老师您经常教育我们要学会赞美别人啊！老师乐了，摸着我的头直夸我可爱！"

　　"那你是真赞美还是讨好老师？"我故意逗她，小丫一本正经地说："我是真赞美，其实我们老师跟你一样，也经常教育我们要学会赞美别人，要看到别人的优点，同学之间不要恶语相向……"

　　看来，小丫已经尝到赞美别人的甜头啦。有人说，教的曲，唱不得。事实上，如果没人教，那就没曲可唱。只有我们从小就培养孩子赞美的能力，教孩子学会赞美，长大之后才能更好地与人沟通，才能得体地表达自己的心声，让自己的语言产生一种特殊的魅力。

第二章 文明有礼——走向100

　　谁不希望自己的孩子大方有礼、举止有度？谁不希望自己的孩子团结同学、尊敬师长？谁不希望自己的孩子遵守公德、听话懂事？正因为如此，文明礼仪对于提高孩子的素质、启迪孩子的心智、塑造成功的人生都有很大的帮助。但高山起于垒土，伟大出自平凡，任何伟大的天才，都要从学习做人起步……

石头也可以当作生日礼物

感恩，不仅是一种礼仪，更是一种健康的心态。教育孩子感恩，就要从感谢父母开始。羊有跪乳之德，鸦有反哺之意，动物尚且如此，我们更要让孩子明白父母的养育之恩我们应当铭记于心。只有对父母感恩的人，才会对周围人感恩，才会对社会感恩，才会更具丰富的情感、更有人情味。当孩子认识到感恩是每个人都应该有的基本道德准则时，那他的情操离"走向100"就不远了……

这一年，小丫读一年级。那天早晨，刚到六点，我就感觉到有什么东西在我的脸上挠痒痒，像鸭绒又像羽毛。我迷迷糊糊地睁开眼，小丫正捏着一绺头发在我脸上蹭来蹭去。我把她往被窝里按："这么早你不睡，折腾什么？"小丫撒娇地说："人家有话跟你说嘛！"她把小嘴巴紧紧地贴在我的耳根上："妈妈，祝你生日快乐！"这鬼丫头，昨晚在床上翻来覆去睡不着，敢情是惦记这个事啊？

我给了她一个温暖的拥抱："谢谢你，宝贝，有你在身边，妈妈天天都快乐！"

"那你猜猜我给你准备了什么生日礼物？"小丫学着我平时说话的口气，眨巴着眼睛问。

我不忍心看她失望的表情，就故作天真："是个大苹果！"

"错！"小丫一口否定。

其实，我知道她送给我的礼物一定是贺卡，幼儿园三年她送给我最大的礼物是贺卡，最小的礼物也是贺卡。谁都知道，做贺卡已经是她的拿手好戏。如果我马上猜出正确答案，那多没意思。

于是我绕来绕去："是果冻？"小丫摇头。

"是烧饼？"

小丫有点愤怒了："妈妈，你怎么老猜吃的？告诉你，不是吃的！"

看看，我再不说她自己都要露馅了，贺卡当然不是吃的。我睁大眼睛，惊喜地欢呼："是贺卡！一定是贺卡！"

没想到，小丫的声音比我的更大："错，错，错！"

第二章 文明有礼——走向100

27

咦？这就奇了怪了，到底是什么生日礼物呢？

小丫从枕头下拿出一个纸团，在我面前晃来晃去："妈妈，你以为我还在读幼儿园呀？读幼儿园送你贺卡，现在我读一年级，我要送更有意义的东西！"她把纸打开，里面还是包着纸。我纳闷儿："纸包纸，是什么呀？"小丫胸有成竹："妈妈，你不要着急，这纸要一层一层地打开，我总共包了七层。你看，这纸的颜色都不一样，红橙黄绿青蓝紫，都是我以前做手工剩下的边角料！"

我的好奇心真来了：莫非，里面包着她捡来的钱？不会不会，小丫一直都是一个拾金不昧的孩子；或者，里面包着奶奶送给她的银镯子？也不会，银镯子这会儿正在她手腕上晃呢！拆了一层又一层，终于见到谜底：原来是一块圆溜溜的石头！我忍不住笑出声，小丫不笑，她把石头翻过来给我看。只见背面画了一个爱心桃，还歪歪扭扭地写了一行字——妈妈，祝你生日快乐！

石头？石头也可以当生日礼物吗？我在被子里笑得扭成波浪线。小丫委屈地说："你还笑！这块石头可来之不易啊！是我在火车站旁的山坡上捡的呢！那次你带我参观火车站，我找了好久才找到这块最好看的石头……"

我想起来了，那天我们已经离开火车站，小丫却忽然喊了一声："哎呀，我的弹珠好像少了一颗，我回去找找！"当时我还训她是个冒失鬼，没想到她转回去捡石头，是给我准备生日礼物……

孩子的童心是如此细腻，而我们这些浅薄的家长却对这份真正的孝心视而不见，甚至还烙上幼稚可笑的标记。我不敢再笑，捧着她的小脸亲了个够，彻彻底底懂得了什么叫感动。

起床后我把这份特殊的孝心捧给家人分享，他们笑着说："石头是能代表一份孝心，可怎么听都像是天方夜谭……"

可这样的天方夜谭，我喜欢！

第二年，小丫读二年级。我生日这天，小丫不要我猜生日礼物了，她直接拿出一根项链挂到我脖子上："妈妈，这珍珠项链是我用零用钱买的，花了3元，看看，你喜欢吗？"

女儿送的礼物，哪有不喜欢的道理？可是，她怎么会想到花钱买礼物呢？我抚摸着这条项链："小丫，为什么今年要花钱买礼物呢？其实，我还在等你送石头呢，去年的生日礼物妈妈挺喜欢的！"

小丫不相信："真的吗？去年过生日我送石头，你们都笑话我。今年我怕你们笑话，就攒钱买礼物……"

我急急忙忙辩解："小丫，我们当时笑你，不是笑你傻，是笑你可爱！"

可是来不及了，小丫还告诉我一个秘密：她给爸爸也准备好了生日礼物，是鳄鱼牌钱包，在学校门口的小店里买的，1元5角一个。

小丫满怀期待地看着我，希望得到我的肯定。

我亲热地拍拍她的脸："谢谢你，你能攒钱给爸爸妈妈买礼物，我们都非常高兴，可送不花钱的礼物更好。比如你去年送的石头，妈妈保管得好好的！"

我从"百宝箱"里拿出那块珍藏一年的石头，小丫开心极了："那你说我今年还可以送石头吗？我已经读二年级啦！"

我认真地说："不管读几年级都可以把石头当生日礼物，只要你的石头一年变一个样，妈妈永远看不腻！"

小丫乐滋滋地："我当然可以让石头一年一个样，大的小的圆的方的，灰的黄的白的黑的，我换着送！晚上一放学，我就到火车站捡一块最特别的石头送给妈妈……"

不管小丫晚上捡的石头是不是特别，我都会好好珍藏。因为这块石头让孩子懂得孝敬长辈，让家长懂得爱护童心。只有这样，一个家庭才能长幼有序，互相关爱，互相包容，呈现出和乐融融的气氛。

天上掉下个奥特曼

　　文明，指人们在社会公共生活中符合社会公德的行为。礼貌，是文明行为的主要内容，其核心是对他人的关心和尊敬。对于小学生来说，讲文明懂礼貌，既是做人的起码要求，也是实现家庭和睦幸福的必要条件，更是让孩子适应社会进步的充分准备。当孩子以文明传递文明，以礼貌衍生礼貌，我们就会感叹：从小对孩子进行文明礼貌的教育多么重要！重要到把它看成是"走向100"的必修课之一……

　　最近，很多孩子都特别迷恋奥特曼，家长们也很苦恼，纷纷向我诉苦，希望我这个辅导老师能够支招。老实说，我支的招也不怎么管用，虽然学生们完成家庭作业的情况大有改善，可他们的小脑袋瓜子里还是整天想着奥特曼。连他们的班长——我们家小丫都说："妈妈，我做梦都梦见奥特曼，他说要带我去追击怪兽……"

　　也难怪，像宇宙英雄奥特曼这样一个神化的英雄人物，在小学生眼里就是偶像。所以，谁如果拥有一个模型奥特曼，谁在班上就红得发紫。

　　小丫当然也想拥有这样一个奥特曼。她央求我好几次，我拗不过她，就提了一个条件："每天晚上造句10个，坚持一个星期，就给你买奥特曼！"尽管小丫不乐意，可抗拒不了英雄奥特曼的魅力，只好拿出造句本完成任务。我暗暗欢喜：谢谢奥特曼，让我的孩子又多学了一点知识。

　　可大好形势只是昙花一现，第二天晚上小丫人还没进门，就大呼小叫："妈妈，我有奥特曼啦！我有奥特曼啦！"她举着一个奥特曼模型冲到我面前，我一看，10厘米高的个头，绿色的铠甲，银色的头盔，目光炯炯，手势如风。最吸引人的地方是全身关节都是活动的，姿势可以由着你千变万化。别说孩子，连我看了，都心生艳羡。可这个奥特曼是从哪儿来的呢？

　　我脸色一正，问："在哪弄的？"小丫兴奋得满脸通红："天上掉下来的！"说什么胡话？我有点生气："再不说实话，我可要没收啦！"小丫急了："妈妈，真的，就跟天上掉下来的一样，我讲给你听吧！"

"晚上放学的时候,我挤在小店里买了一杯奶茶,然后就和几个同学边走边喝。他们喝完之后,就把空杯子远远地朝垃圾桶砸去,看谁砸得准。结果他们都砸在垃圾桶外面。我让他们捡起来,他们不听,还说:'反正老师也不在,我们没扔到路上,扔在垃圾桶旁边已经够文明啦!'说完他们一哄而散地跑了,我心里过意不去,就跑到垃圾桶旁边,把扔得乱七八糟的杯子捡起来。我数了数有六个,加上我的一共七个,正准备一起丢进垃圾桶,忽然看见远处走来一个捡破烂的老奶奶,我想这杯子是塑料杯,可以卖钱呢!于是我就把这七个杯子摆成整整齐齐的一排,朝着老奶奶大喊:'老奶奶,这儿有许多破烂,您快点来捡,我要走啦!'看老奶奶匆匆地朝我这边赶来,我放心了,于是就撒开腿去追同学。才跑了几步,就看见一个东西迎面朝我怀里飞来,我赶快用双手捧住,哎呀,乖乖,原来是一个奥特曼!我还以为是一个不明飞行物呢,吓得我一身冷汗。我左看右看,旁边的人都各走各的路,根本没有人理我。"

讲到这儿,小丫故意停住话头,调皮地问我:"妈妈,你说这个奥特曼是不是从天上掉下来的?"

我虽然是个老天真,但还不至于天真到相信天上会掉下奥特曼。既然她在吊我的胃口,那就顺着她再"傻"一回吧!"哦,妈妈知道了,是奥特曼下凡!他从远离地球的M78星云上来到地球,准备活动三分钟,没想到撞到你的怀里,缘分啊,缘分!"我学着电视里神仙的样子长嘘短吁,逗得小丫捧腹大笑。她越笑我就越装傻,她到底还是个四年级的学生,三下五除二就把真相向我披露了。

"当时我拿着奥特曼左看右看,没看见人,我正纳闷儿,一个苍老的声音传来:'孩子,这个奥特曼是我送给你的,你拿去玩吧!'我扭头一看,是那个捡破烂的老奶奶,她的脸虽然有点脏脏的,但笑容很亲切。我连忙过去把奥特曼还给她:'这怎么行呢?您的东西我不能要!'老奶奶使劲地推给我:'送给你,送给你!这是我捡破烂捡到的,没花钱,放心,我洗得干干净净,一直带在身上,我想等我碰到一个好孩子就送给她……我刚才看到了,你就是一个好孩子!'当时我心底的那个激动呀,真恨不得再捡几个杯子送给她,可是没有,路面上干干净净啥都没有……"

小丫抚弄着这个奥特曼,爱不释手:"妈妈,你一定帮我保管好这个奥特曼,不管我们以后搬到哪里,都要带在身边!"我郑重地点头答应。

"明天我要带一个塑料袋,看到破烂都捡起来,装到袋子里,晚上放学送给那个老奶奶！"小丫兴致勃勃。我打趣说："要是那个老奶奶不在呢？"她想也没想："那我就把塑料袋放在垃圾桶旁边，总会有人捡走的！"孩子的心就是这样纯洁，让我自愧不如。

小丫忽然想起了什么："妈妈，我现在不要你买奥特曼，明天晚上就不用造句吧？"

我头点得像小鸡啄米，开心地说："那是肯定的，天上掉下来的这个奥特曼能抵过所有的造句任务！"

真的，造句任务没有完成有什么关系呢？少学一点点书面知识又有多大影响呢？只要孩子在言行举止中懂得了文明的真正意义，体会到了礼貌的丰富内涵，那么我这个家长收获的又何止是简单的成功与欢乐！

分享，是一种快乐

　　学会分享，不但能使孩子得到快乐，还能使孩子的胸怀变得宽广。但现实生活中，我们的孩子却越来越自私，什么东西都不愿意和别人一起分享。在他们眼里，别人的就是自己的，而自己的绝不赠予别人。这种"小气"虽不是什么大毛病，但若不及时纠正，孩子将会逐渐变成独占意识很强的人。那么，他将难以拥有良好的人际关系；难以学会与人合作，在竞争激烈的社会里将注定被淘汰。从这个角度考虑，培养孩子与他人分享的意识，在"走向100"中仍占有举足轻重的地位……

　　小米的九岁生日，姐姐给他准备了生日蛋糕，我给他买了一根跳绳，小丫给他送了一张贺卡。小米很开心，因为吃蛋糕吹蜡烛是过生日的惯例；那根彩色的室内跳绳也是他向往已久的礼物；至于小丫送的贺卡，他一看就笑得合不拢嘴——上面画着他的卡通像，虽然不够神似，但下面配着一行小字："小米哥哥帅呆啦！"当我们把蜡烛点燃的时候，家里就有了烛光晚餐的味道。

　　小米正低头许愿，门被敲开，哥哥的儿子才才进来了。才才看到我们的烛光晚餐满脸茫然："姑姑，是谁过生日呀？怎么我爸爸妈妈没有来庆祝呢？"姐姐热情地招呼才才坐下："是小米！小孩子过生日不用请客，来来来，吃一块蛋糕！"姐姐切了一大块蛋糕放到了才才的盘子里。

　　我注意到小米和小丫对望了一眼，他们的眼神告诉我：他们嫌姐姐给才才分的蛋糕多了。因为蛋糕吃多了腻人，不管家里谁过生日，我和姐姐通常是不吃蛋糕的。所以今年姐姐买蛋糕就花了心思，特地定做了一个最小但最好吃的果味蛋糕，小米和小丫兄妹俩吃刚刚好，没想到半路上杀出来一个才才，他一个人就几乎分去了蛋糕的一半。小米有点不悦，但什么也没说，大家依然唱啊、跳啊、吃啊、笑啊，玩得不亦乐乎。

　　吃过晚饭，按照先前的计划，我负责请孩子们到街上吃汉堡，姐姐负责在家收拾屋子。我把三个孩子带到德克士的店子里，给他们每人点了一份汉堡，一杯可乐。我要了一杯热红茶，陪坐在旁边，静静地看着孩子们吃。

小丫笑靥如花："哥哥，你现在高兴了吧，我过生日的时候妈妈都没请我吃汉堡呢！"

小米骄傲地笑了，可不到片刻，他叹了一口气："唉，有人比我更高兴呢！"

小丫一时没转过弯来，说道："谁呀？谁比你更高兴啊？"

才才的脸红了，但假装没听见。

小米撇撇嘴："是谁自己心里清楚，再怎么样今天我也是小寿星啊！可有人凭什么？算了，我不点名……"

我听他的话头不对，连忙岔开话题："小米，汉堡味道怎么样？"小米连声说不错，"那快点吃，吃完了我请你们到广场上坐电动小汽车！"

三个孩子都兴奋了，拿着没吃完的汉堡就跟我走。我给他们买了票，看他们各自开着自己喜欢的玩具汽车在广场上驰骋，心里挺有成就感。我坐在旁边，观察他们的技术如何，忽然发现了一个怪现象：小米的小汽车总是和小丫并排开，才才却被他们晾在一边。有时候才才的小汽车眼看就要追上小米了，可小米方向盘一扭，闪到一边去了。开这样的玩具小汽车，就是要大家一起玩才好玩啊，一个人玩有什么意思呢？很快，才才就像一只落单的孤雁，开着小汽车只在广场边上孤独地晃悠。因为是小米的生日，才才又在场，我也不方便说什么，玩好后我就带着他们回家了。

第二天中午，小米的班主任交给我一张纸条，她神神秘秘地说："打开看看，这是你侄儿小米的杰作！"又犯什么错误啦？我疑惑地打开纸条，天哪，差点笑点我的大牙！纸条上赫然写着："检举：四（2）班的周才才偷吃我的苹果！"

班主任笑得喘不过气来："你们家小米不傻呢！检举怕报复，不写检举人。直接把纸条放在我的讲台上，可他的'米字体'我一看就认得！可惜，被检举人不在我班上……"我嘿嘿地笑，这个小东西，净想些歪招！班主任说："鉴于检举人与被检举人的特殊关系，这张纸条就交给你来处理吧！"

中午回家，我就找小米训话。

没想到他比我还有道理："凭什么？他吃了蛋糕吃了汉堡还要玩小汽车？今天早上没经过我同意，他就把我的红富士苹果装到了书包里，这不是偷是什么？"

我耐心地告诉他："因为才才是亲戚，所以这些都是正常……就像小丫跟你，从来不分彼此！"

　　小米不同意我的说法，他认为我们两家挨得近，经常吃住在一起，应该算是一家人；而才才就是外人。说来说去，他就是不愿意分享，他觉得分享就是失去，是一种难以割舍的痛苦。这一点，从他昨天晚上的表现我就看出来了，可怎么样让他明白做人要学会分享呢？

　　我分析：不愿意分享就是喜欢算账，算自己失去的多，得到的少。那我就来跟他算一算吧！"小米，书上说过生日一个人一份快乐，算一算你昨天收到了几分快乐？""五份！"小米老老实实地回答。

　　"如果才才不来，你就只收获了四份，少了一份快乐。才才不来，我们是不是会给你买两份蛋糕、两个汉堡、开两次小汽车？是不是会给你准备两份生日礼物？"小米几乎是喊着说道："那不可能！"

　　"所以才才来了，你还是吃你该吃的、玩你该玩的、得你该得的，你并没有失去什么，相反还多得了一份快乐，这难道不是好事吗？至于一口蛋糕、一个苹果，才才的爸爸不也常送给我们鸡蛋、香菇吗？所以说分享都是互相的……"

　　小米的糊涂账终于理清了，原来分享也是一种快乐。因为善于与人分享是一种美德，有机会把自己的好东西拿给别人分享，实际上也是一种能力的体现。你有这种能力，你才能够给予！谁不想从小就做一个有能力的人呢？

一个巴掌拍不响

人们在交往时，都渴望拥有一个良好而和谐的人际环境，都想得到别人的喜爱和尊重。在当今这个充满竞争与合作的时代，一个有礼貌的人不仅会有一个快乐的人生，并且会因为自己良好的礼仪而走向成功。因此，父母应该让孩子从小养成讲礼貌的好习惯，教孩子学会怎样跟人相处，教孩子一些建立良好人际关系的知识，让孩子从身边的小事开始做起。有了礼仪习惯这个润滑剂，相信孩子在"走向100"的路上将会走得更顺利……

放学了，小丫迟迟没回来，我等得有点心急。因为我们家离学校很近且不过马路，所以从二年级开始，小丫就是自己回家。可现在比她平时回家的时间已经晚了15分钟，不行，我得到学校去看看。

走在路上，碰到小丫同学，她说小丫到庞坦坦家里去了。我有点疑惑又有点生气：放学了不回家，到庞坦坦家干什么？真是不听话，我得去把她找回来。

一路问去，爬上六楼，终于找到庞坦坦的家。我正准备喘一口气，忽然看见小丫一个人气鼓鼓地蹲在坦坦家门口，看到我只把眼皮抬了抬，连声"妈妈"都懒得喊。

我奇怪地问："你蹲在外面干什么？你不是到她家串门吗？串门就进去呀！"

小丫气呼呼地说："我进得去吗？她在里面把门反锁啦！哼，我就不信她永远不开门！"什么情况？难道小丫不是来串门的？

"不是来串门，你来干什么？放学了也不知道回家……"我想拉她起来，她胳膊一拐："我是来报仇的！她在学校里惹我，想我就这样放过她，没门！"我又好气又好笑，小孩子家什么仇不仇的！

"她怎么惹你啦？天大的事儿也应该先回家跟妈妈说，跑到别人家里来，实在是不应该！"我想先把她弄回家再说，我总不能在别家门口批评自家孩子啊。

我刚把她的书包强行拎到手里,她就放声大哭:"我就知道你不维护我!每次别人惹我,你都说我不对!从来都是批评我,说我的不是!呜呜……现在我自己的事我自己解决,我不跟你说,我要跟她妈妈说,让她妈妈把她揍一顿……呜呜……"她这一哭,我就知道她还是有委屈的。

我在心里后退一步:"如果你今天非要在这解决不可,那你就不哭了,把事情跟我原原本本地讲清楚!"她倔强地说:"我不讲!我讲了你也不会替我说话,每次我和同学闹别扭,你都挑我的不是!"

"我是这样的人吗?我,我……"我有点心虚,其实我就是这样的人。我总认为孩子之间闹矛盾,家长都要批评自己孩子,各退一步,海阔天空。难道这样的"高风亮节"也错了?如果没有错,为什么孩子遇到类似的问题再也不愿意跟我交流呢?

我正在思忖怎样哄开她的金口,门"吱呀"一声开了,庞坦坦盛气凌人地靠在门框上:"说呀,你跟你妈说我也不怕,谁叫你先骂我的?"小丫一听就来气了:"我骂你是活该!你把草屑撒在我衣服里,就是你的不对!"

看她俩又要开战,我大喝一声:"都不许吵!一个一个地说,到底咋回事?"两个孩子互相翻一个白眼,忽然间都沉默了。小丫说:"妈妈,你看我的衣服领子里……"

我掀开她的衣领一看,毛衣后背里面粘满了草屑,这算什么嘛?小丫指着庞坦坦说:"妈妈,你说她坏不坏?上体育课的时候,我们在草地上玩,她突然往我衣服里撒草屑,弄得我身上痒痒的……"

庞坦坦理直气壮地说:"谁叫你先骂我的?你骂我是妖精……"

小丫义正辞严地说:"凭什么体育课你要偷偷地涂口红?我只骂你是妖精,没告诉老师已经对你够好了……"

至此我才清楚事情的前因后果:一个骂妖精,一个撒草屑;一个不道歉,一个追到家。按我平时的家长作风,又要把小丫痛斥一顿,可这样好像已经行不通了,想想小丫刚才跟我赌气的样子,我还真有点胆怯。要知道,妈妈都不怕孩子耍横,就怕孩子伤心哪!

我想了想,一手拉着小丫,一手拉着庞坦坦:"这件事情,你们俩都受了委屈,一个被骂一个被撒……说到错误呢,两个人都有错。只不过一个先错,一个后错;一个小错,一个大错。各人说说,自己是什么错?"

小丫低着头说:"我是小错加先错!"庞坦坦的声音更小:"我是后错加

大错！"我微微一笑，把她们俩的手放在一起："所以说一个巴掌拍不响，这件事谁先给谁道歉都不公平，最公平的解决办法就是两个人同时道歉！"可能她们从来没听过"同时道歉"的说法，两个孩子眼睛里竟然流露出好奇。

"我喊'一二三'，你们俩同时说对不起，谁没说或者说迟了，那这件事就是她一个人的错，就由她一个人负责！"我故意拉长音调："一、二、三！"如我所愿，两个孩子同时点头："对不起！"不知为什么，我竟然没有按捺住这点小小的得意，笑出了声。两个孩子看我笑，她们也不好意思地笑了。

走下庞坦坦家的楼梯，小丫马上挽起我的胳膊："妈妈，今天你解决问题还算公平！如果你以前就这样，我今天也不会追到她家里……"

如果没发生这件事，我可能还没醒悟呢。

这个醒悟虽然有点晚，但让我这个年轻的妈妈牢记于心：那就是当孩子之间发生冲突时，既不能偏袒一方，也不能指责一方，更不能不问青红皂白，各打五十大板。最好的办法就是帮他们辨明是非、分清对错，之后再补一句"一个巴掌拍不响"，让无理的一方倍感惭愧，让有理的一方心生歉疚，在分分合合的反反复复中，他们自己会懂得什么叫长大。

对不起，密码错误

　　仪表，即人的外表，包括容貌、衣着、举止、风度等。它不但可以体现一个人的文化修养，还可以反映一个人的审美情趣。这就要求家长打扮孩子时要注意年龄特点，注意穿戴场合，让孩子的服饰与周围环境和谐。着装得体，才能赢得他人的信赖，给人留下良好的印象，从而进一步提高与人交往的能力。从这个意义上说，从小培养孩子讲究仪表，也是引导孩子"走向100"不可忽视的一环……

　　爱美之心，人皆有之。小丫也不例外，小小年纪就喜欢照镜子，还要我专门买了一个火柴盒大的镜子，天天装在她的荷包里。这自然无可厚非。女孩子打扮漂亮一点，穿着整洁一些，不是件好事吗？平时我也要她时时刻刻记住，在生活中要做到"三爱"——爱劳动、爱学习、爱美。爱劳动和爱学习小丫做得很好，但关于爱美，我发现小丫还是弄不太懂。不仅是她弄不太懂，有时把我也弄得糊里糊涂的啦！

　　上周末，我要去参加一个朋友的生日宴，地点是我们小城的顶级宾馆。朋友特地叮嘱：把小丫带去，小丫可爱！我告诉小丫这个好消息时，她高兴得一蹦三尺高。毕竟，她还从来没有去过这么高档的宾馆呢！我让她在家准备好，中午我一下班就带她过去。她说得像唱的一样好听："妈妈，你放心，我要打扮得漂漂亮亮的，一定让别人都夸你有个漂亮的女儿！"

　　中午我准备回家接她时，看到她正朝我的家教中心走来，远远地向我挥着手，走一步扭三扭，我差点没认出来。天哪，这是我的小丫吗？描着眉毛，擦着口红，涂着胭脂，披着头发；穿的衣服里面长外面短——里面是红色的长毛衣，外面是黄色的短马甲；更可笑的是她在腰间左右还各挂了一个小铃铛，走起路来叮当作响。这副滑稽的样子让我笑得直不起腰："哎哟，哎哟，你怎么打扮成这样？"

　　可能因为我笑得太离谱，小丫竟然以为我高兴到了极点。她得意忘形地拉着我的手："妈妈，不要笑啦！我这样打扮是不是特别漂亮？"她不拉我还没

第二章　文明有礼——走向100

注意，一拉我才看清楚：原来她把指甲上也染了指甲油，每个指甲一种颜色，看起来花花绿绿的，像一个个小甲虫。手腕上还特地戴上了奶奶给她买的银手镯，明晃晃的，耀人的眼。

我忽然意识到自己不能再笑了，这种笑会对她产生一种误导。我收起笑容，正儿八经地问她："你认为这样打扮好看吗？有没有照过镜子？"小丫甜甜地笑："照啦！我觉得好看，这是我第一次用你的化妆品呢！怎么样，是不是特别好看？"我哭笑不得："太好看啦！好看得过分了！如果你不喊妈妈，我还真认不出来是你！快点给我洗掉！"

我拿来湿毛巾，要给她擦脸，她竟然不同意："不擦不擦，我花了好长时间才弄得这么漂亮，还没到半个小时呢！"我只好耐着性子给她讲道理，小孩子要有小孩子的打扮，衣着服饰要符合自己的身份；化妆也要看场合，咱们是去赴宴又不是去演出；再说真正的演出也不需要这种浓妆艳抹、奇装异服啊⋯⋯道理讲了一大堆，小丫就是不洗脸不换衣服，她高傲地昂着头："我就这样，谁爱看不看！"我彻底笑不出来了：这个犟妞，还真弄不懂美和丑呢。

"那你就不用去做客了，自己走回去吃方便面吧！"我摔下这句话，就自顾自地朝宾馆方向走。小丫嬉皮笑脸地拉着我："妈妈，我要跟你去！"

我装作不认识的样子，掰开她的手："请问你是谁呀？"小丫急切地说："我是你的小丫！"我甩开她的手："对不起，密码错误！"她跟在我的后面追："妈妈，等等我！"看她跑得踉踉跄跄，我的同情心又开始泛滥，觉得还是应该再给她一个机会。我停下来，用陌生的眼神看着她："对不起，密码错误，请重新输入！"我把湿毛巾在她眼前晃了晃，她哭丧着脸："好吧！我洗，我洗还不行吗？"

我用湿毛巾怎么也擦不干净，可见小丫的这身装扮不但是花了心思，也是花了力气的。我只好把她带回家，洗得干干净净，穿得清清爽爽，然后招手拦了一辆出租车："密码正确，请登录！"小丫嘿嘿地笑："妈妈，这不是登录，是登天！"就是！孩子打扮得花里胡哨，连妈妈都认不出来，还能正常登录吗？就算强行登录，恐怕也只会死机⋯⋯

虽然，我们参加生日宴会迟到了；虽然，小丫在生日宴会上没有如她所愿得到所有人的赞美；但是我相信她永远记住了"对不起，密码错误"这句话。因为她以后每次出门总是衣着得体，包括她当全班全校的节目主持人，服饰也搭配得非常和谐，与所在场合相吻合。我夸她有进步，懂得了着装服饰也是礼仪的一个内容,她长叹一口气做无可奈何状:"没办法,我害怕密码错误啊!"

有这个"怕"劲就好!在流行风左右审美的成长岁月里,父母们至少让孩子明白:服饰不是随心所欲,衣着也不是为所欲为,它既要自然得体,协调大方,又要遵守某种约定俗成的规范和原则。着装适宜,仪表大方,才能给人留下好印象,才能顺利地搭起沟通的桥梁。

把乞丐接回家

爱心是人类教育的永恒话题。一个从小就有爱心的孩子，长大之后必能关心爱护周围的一切，成为一个珍爱生命、热爱生活的人。当我们在培养孩子爱心的时候，一方面要以身作则，另一方面要创造条件支持、保护孩子的爱心行动。让孩子学会关爱他人，爱一切美好的事物；培养同情心，具有人情味，只有在心里建立起让他人幸福的概念，将来才能更好地适应社会。心中充满爱的孩子，会为别人所爱，也会为"走向100"插上一双天使的翅膀……

把乞丐接回家，这确实是一个美好的愿望。而想把这个愿望变成现实，却又谈何容易！前段时间我就遇到这个难题，给我出这道难题的不是别人，正是我们家的小丫。

那天我带小丫到体育广场溜旱冰。本来我们可以坐车，但因为今天是劳动节，人特别多，等了三辆公车都满载，我们只好步行前往。才走了一半，就碰到一个老乞丐，一手拄着拐棍，一手端着瓷碗。浑浊的眼睛，花白的须发，加上褴褛的衣服，让小丫一下子就生出怜悯之心。她找我要钱施舍，说实话我无所谓。天知道他是真乞丐还是假乞丐，现在靠乞讨骗钱的多着呢！但我什么也没说，只是很淡定地把1元钱交给她。可她并不丢到老乞丐的瓷碗里，而是摇着我的手说："妈妈，再给1元吧。你就当刚才我们坐上了公车……"哦，她嫌少呢！那就再加1元，2元钱培养孩子的爱心，值得的。

小丫把2元钱轻轻地放到瓷碗里，老人放下瓷碗，，眼中似乎还闪着泪光，向她作了一个揖，："谢谢你，小姑娘！"就这么一句话，顿时就激发了小丫的同情心。她关心地问："老爷爷，你住在哪儿？为什么要出来讨饭呢？"老人嗫嚅着，听不清他的絮絮叨叨。小丫央求我说："妈妈，我们把老爷爷接回家吧！这样他就有吃有喝了。"可是我们家本来就有两位老人要赡养，哪还有能力再平白无故地多养一个人！

我以为我跟她讲清道理就完事了，可她还是赖着不走："就因为我们家有老人，把他接回家才好！他可以跟爷爷住一间房，一块儿下棋，反正他也吃不了多少……"见我不为所动，她又软磨硬泡："妈妈，你看他跟爷爷年纪差不多，说不定还可以跟爷爷一样，帮我们扫地呢！"家里巴掌大一点儿地，难道还需要两个老人扫？但我又不能打击她那熊熊燃烧的爱心，只好来个缓兵之计："不妨这样，我们先去溜冰，等中午回家问了爷爷再说！"可小丫也不是等闲之辈，她看出我是在敷衍她，气咻咻地扭头就往前跑，不理我了。

我只好讪讪地跟着她来到广场上。广场上有放风筝的，有吹气球的，还有坐电动摇马的，好不热闹。

小丫最爱热闹的，她要看完热闹才肯去溜冰。我请她坐电动摇马，又给她买了风筝，她这才对我露出笑脸："妈妈，你要答应我，以后再看到那个老爷爷，要多给点钱我才原谅你！"我连忙点头。只要不把乞丐爷爷接回家，就是把我一个月的工资全给他，又有何妨？

一抬头，考验我的时刻又到来了，一个小乞丐趴在地上讨钱。可能今天是节日，乞丐也来凑热闹！瓷碗的旁边，放着一张大纸，白纸黑字，明明白白地写着爸爸去世了妈妈病了，请好心人捐钱，长大后报恩之类。这不是骗子常见的伎俩吗？我想也许那个操纵小乞丐的坏人正躲在旁边笑呢！

可小丫看不出来这是个骗局，她觉得小哥哥很可怜。她找我要了10元钱捐给小乞丐："小哥哥，你住在哪儿？为什么要出来讨饭呢？"

小乞丐不做声，只是瞪了她一眼，眼里充满仇恨。

我不能再袖手旁观，我要让她学会辨别。

我把小丫叫到旁边："也许，这不是真正的乞丐，他们讨饭是为了挣钱……"

小丫不相信："妈妈，刚才我听你的话，没把那个老爷爷接回家。现在这个小哥哥你就准我接回家，好吗？"

唉，今天怎么老碰到这样的难题？我们家就是不缺吃不缺喝，也没富到这个程度啊！

小丫可不管这个，她扯着我的袖子软磨硬泡："妈妈，让我把小哥哥接回家吧！多个哥哥多个伴儿，以后我去哪儿都不用你陪着，怎么样？"

我能松口吗？把乞丐接回家，这不仅仅是爱心的问题，还是一个社会责任的问题。可断然拒绝吧，会伤她的心；全盘接受呢，我根本没这个能力。

于是我采取折中的办法，拿出100元："这钱够小哥哥吃好几天，这几天说不定他就会碰上一个有能力的好人家……"

小丫还是担心:"如果碰不上呢?那小哥哥不还是无家可归吗?"

天哪,她这个问法会把我问到山穷水尽的。我也姑且问问她:"如果我们把这个乞丐接回家,那以后再碰到更可怜的乞丐,怎么办呢?"

小丫还真能答:"叫大姨妈接回家!"

"我知道,再碰到一个,你又会叫二姨妈接回家;以后的以后,再碰到乞丐,谁接回家呢?"

小丫无语,她想不出来更好的办法。"所以说,把乞丐接回家不是最好的办法,最好的办法就是你好好读书,长大之后才有能力解决这个问题。"

小丫狠狠地点头,我知道她心里也许已经下定某个决心……

拥有一颗爱心是做人做事的基本准则,可在实际生活中,仅有爱心是不够的,还要有爱的能力。碰到这种问题的时候,我们可以让孩子失望但不绝望;可以让孩子放下但不放弃,可以让孩子尽心尽力而不患得患失,这也算没有办法的办法吧!

有一种力量叫做表扬

　　表扬是一种育人手段，更是一种艺术，在对孩子的教育过程中有着不可忽略的作用。它不仅能增强孩子的自信，激发孩子的上进心，还能催化孩子形成良好的人格，获得有价值的自我认同感。实践证明，对孩子的优点、努力、进步、成绩进行肯定，采取以表扬为主的教育方法是行之有效的，也能让孩子"走向100"的几率大大提高……

　　俗话说："好言一句三冬暖。"成年人都爱听好话，何况孩子呢？一句表扬的话可以让孩子乐上好几天，就像一个充足气的皮球，有多高蹦多高。女儿也不例外，每天在学校里的快乐指数高不高，很大程度取决于有没有得到老师的表扬。

　　可是今天好像情况不妙，她一回家就噘着小嘴，脸上还挂着泪痕。我小心翼翼地问："怎么，今天没有得到表扬呀？"这一问不打紧，把她给彻底问哭了，哭得梨花带雨。她抽抽搭搭地讲了半天，我才弄清事情的原委。

　　事情是这样的：放学回家的路上，她和汉青一边走一边唱歌。走着唱着，唱着走着，忽然看到前面地上躺着一张5元的纸币，小丫大喊一声："钱！"他俩几乎是同时发现的，又同时以百米冲刺的速度跑去捡。汉青是男生，个头大，力气壮，就在小丫快要捡到5元钱的时候，他一把推开小丫，把那张5元钱紧紧地攥在手心。

　　小丫急得直跺脚："这是我先发现的！"

　　汉青毫不示弱："这是我先捡到的！"

　　小丫一点也不服气，她尖叫起来："是我先发现的！"

　　汉青气急败坏："我再说一遍，是我先捡到的！"

　　两个人争来争去，毫不相让。这时候，小丫可怜巴巴地说："那你给我看一眼，只看一眼！"汉青不知是计，把5元钱摊在手心里，喜形于色地说："你看，是真钱！"没想到小丫来了个迅雷不及掩耳，一伸手就把5元钱抓到手里，飞一般地朝前跑。汉青穷追不舍，结果两个人夺来夺去，硬生生地把好好的5元钱扯成了两半。

两个孩子都傻眼啦，一个说："把你的那一半给我！"一个说："想得美，把你的那一半给我！""你的给我！""你的给我！"两个孩子争得面红耳赤，一直争到汉青家门口也毫无结果。汉青捏着那半张5元钱纸币，"哐"的一声关上了院子门。小丫绝望地哭了，回到家就是现在这副样子。我让她松开右手，果然，小小的拳头里还紧紧地握着半张5元的纸币……

我心里很不舒坦，为了捡到的5元钱，两个孩子就争成这样，值得吗？唉，钱这把杀人不见血的刀，既伤害孩子之间真诚的友谊，又玷污他们纯洁的心灵。这么小就如此爱财，那长大了还不是百家姓缺了赵——开口就是钱！

想到这里，我非但没有半点同情，反而声色俱厉地吼她："你为什么要这样？5元钱你让给他不就得啦？现在倒好，两个人扯来扯去，好好的5元钱被你们给弄坏了！"我训得越凶，小丫哭得越厉害。她的倔强让我非常恼火，恨不得给她一巴掌。可她忽然说了一句话，一下子把我给震住了。她清清楚楚地说："我不是想要这5元钱，我是想交给老师！"

我讪讪地："交就交，干吗要你抢我夺呢？真是的……"

小丫气呼呼地说："因为，因为他也想交给老师！"

我有点糊涂，小丫不哭了，她咬牙切齿地说："他想得表扬！老师说谁捡到东西交公，谁就可以得表扬，这叫拾金不昧！"

我终于听明白了，原来是表扬的力量！此时此刻，我没有想去控制什么功利思想的萌芽，也没有一点点觉得好笑。我只是觉得这两个孩子好可爱，起码比我这个妈可爱100倍……我必须帮助他们，让他们共同拥有这个做好事的机会。

于是，我牵着小丫的手敲开汉青的家门，跟他妈妈说明我的想法。汉青妈妈大吃一惊："哎哟，我哪有你这么细心？我听他讲了这件事很生气，觉得两个孩子特无聊，抓过他的半张钱就扔垃圾桶啦！"

小丫一听慌了，赶忙在他家的垃圾桶里找，汉青也过来帮忙。找来找去，终于找到了那半张纸币。我小心翼翼地用准备好的工具把两个半张钱粘在一起，然后平平整整地夹在我的书里，郑重其事地说："这张钱是你们同时捡到的，要同时交公，这样吧，我先替你们保管，明天一早我送你们去上学！"

第二天早晨，在学校门口我慎重地把粘好的5元钱递到他俩手中："你们'抬'着这5元钱去交公，如果再次损坏就不能粘好了！"他们俩一人拿着5元钱的一角小心翼翼地"抬"着5元钱，亦步亦趋地走向教室。

我想：以后，他们会加倍爱惜人民币吧？以后，他们会加倍珍惜做好事的机会吧？我还没有走远，就听到广播里传来表扬之声："刚才，有同学交给老师5元钱，请失主速来领取，这两个拾金不昧的同学就是一（2）班的小丫和汉青……"

不要笑我的浅薄，其实我这个当妈妈的也喜欢表扬，广播里表扬我的孩子不就是在表扬我吗？一种自豪感从心底升腾起来，我竟有一种无法言说的欢喜。在孩子良好品质形成的最佳时期，我没有能力效仿《孟母三迁》，也没有水平借鉴爱迪生母亲的启蒙，但我可以让孩子'抬'着5元钱交给老师，在他们心里播下"拾金不昧"的种子，谁说这粒小小的种子长大之后不能开出"大公无私"的花呢？

祝福，永不过期

　　心中有他人，时时刻刻想着别人，是一种优良的品德。这种品德既能让孩子建立良好的同伴关系，有助于孩子健康成长，也有利于社会的文明进步。因为现代社会的发展不仅需要体力、智力充分发展的人，更需要能与人友好相处，能关心他人，并善于合作的人。如果人与人之间充满温馨、和睦、互相关爱，就一定能促进社会的稳定和发展。小而言之，如果家庭中有一个"心中有他人"、懂得付出的孩子，那这样的家庭就是幸福的家庭，这样的孩子就是"走向100"的一个有力佐证……

　　外婆要过70大寿，这可把小丫和小米乐坏了！谁都知道，我们老家给老人祝寿是最讲究礼数的，既要请乐队歌舞一番，又要儿女们扭秧歌上菜，间或有小丑插科打诨，还有司仪精彩主持，场面热闹非凡。小孩子又是最喜欢凑热闹的，所以小丫和小米早早计划好，等到那一天，他们要去欢腾个够。

　　外婆的生日是农历九月二十五——早在三个月以前，他们就知道了这天刚好是星期六，所以做了充分准备，计划在星期五晚上就把作业全部写完，星期六前去祝寿，他们俩还要登台献艺——男女二重唱《生日快乐》歌，已经在家里练了N遍啦！至于生日礼物，兄妹俩神秘兮兮地说，等到外婆坐上寿席，晚辈们轮流敬酒祝寿的时候，他们的礼物才会闪亮登场。生日气氛经他们大力渲染，我和姐姐也积极地筹备着，心里充满了愉悦的期待。

　　可没想到这天他们受到了沉重打击——学校不放假，上午演练，下午举行广播体操比赛。小丫唉声叹气，小米甚至写好了请假条，声称抱病在家，不能出操。这怎么行呢？广播体操看的就是队形，少一个人队形就不整齐，没阵势何谈团队精神？为了满足自己的需要而不顾集体的需要，我和姐姐坚决不同意孩子这么做。所以一早我和姐姐去祝寿时，就把小丫和小米送到学校，让他们明天再结伴前来给外婆祝寿。

　　小米一百二十个不乐意："明天？明天太迟啦！如果你们坚持要我们今天参加广播操比赛，那明天我们就不去祝寿了。"

小丫也噘着小嘴："明天去祝寿，一个客人都没有了，我们俩还怎么唱《生日快乐》歌呢？"

小米附和着："还唱歌？恐怕生日礼物都送不出去，见过上课迟到的，没见过送生日礼物迟到的……"

姐姐笑着说："这好办，你们的生日礼物我们先帮忙带给外婆，不就行啦？"

小丫有点动心，小米连忙使眼色："不行，我们的礼物要亲手交给外婆。要不今天就带我们去，要不这事就拉倒，过期作废！"说完他靠在学校门口的墙上，一副绝不妥协的模样。

我把旅行袋往他面前一放："知道我给外婆准备的什么礼物吗？是世界上唯一一种永远不会过期的东西，想看吗？没门！"我拎起旅行袋就走，经不起诱惑的小丫嚷着要看看，我理也没理："明天一早跟哥哥一起来看！比一比谁的礼物更有意义！"我知道他们一定会来，即便没有了生日宴会的热闹，他们也要满足小小的好奇心。

第二天早晨，他们兄妹俩如期到达。见到外婆，没有欢呼雀跃，也没有喜气洋洋，甚至有一丝小小的羞涩。

外婆一手拉一个孩子，高兴得眼睛眯成了一条线。

小丫看着外婆一个劲地傻笑，小米涨红着脸："外婆，我……我……"

我赶快替他们解围："妈，两个孩子给您准备了生日礼物，可今天送有点迟。他们想给您唱《生日快乐》歌，又怕过期作废，所以不好意思……"

慈祥的外婆笑了："唱吧唱吧，我等着听呢！你们多唱一遍，等于我多过一次生日，这是好事啊！"

两个孩子一听来劲了，唱了生日歌，说了祝福语，还把生日礼物抖出来了。小丫给外婆送的是一条咖啡色的小丝巾，小米给外婆买了一个带音乐的打火机。

虽然都是几元钱的小礼物，但外婆心里乐呀，比昨天正式过生日还开心。小米看到外婆对他的打火机爱不释手，底气十足地说："小丫，昨天是谁要跟我们比礼物？快让她拿出来较量较量，哼，还世界唯一呢！"

小丫铁面无私地指着我："是妈妈！快拿出来瞧瞧！"

我故意卖关子："我的礼物是两个字，刚才你们已经把它送给外婆了！"看小丫和小米转动眼珠也不知所以然，我忍俊不禁："这两个字就是祝福，怎么样，说它是世界上唯一一种永不过期的礼物，你们不会反对吧？"

他们当然不会反对，因为找不到反对的理由。但小米心里还是不服气的，种种迹象表明，他一直在求证这个说法。

有一天，小米的一个同学踢足球摔伤了在家休养，小米想去看望那个同学，却因为种种原因迟迟没有去。

半个月之后，那个同学伤愈返校，小米看到他就心生歉疚，不敢多言多语，觉得自己亏欠他什么。我建议他马上送个祝福，祝福他从现在开始，每天都平安快乐。小米开始很忸怩，他觉得这个祝福又过期啦。我用外婆生日的事例点拨，他才试着给那个同学写了一张祝福的小纸条。

结果那个同学大受感动，还把这件事写成了作文，使小米在老师心目中的印象从负数直接跳到正数。这一下，小米对于"祝福，永不过期"的说法算是心服口服啦！

记住，对他人的关心，永远不会迟到；对别人的祝福，永远不会过期。教育孩子心中有他人，就从他身边最亲近的人开始，从他最接近的事物起步，让孩子先关心家人，再关心朋友、同学、老师，直至关心其他人，最后升华为关心集体，关心社会。这样逐层递进，逐步加深，才更凸显教育的层次性，才更符合孩子的认知规律，才使教育更有效。

第三章 自尊自信——走向100

　　自尊，就是自我尊重。自信，则是指孩子对自己有信心。可以说，自尊和自信是良好非智力品质的核心，是孩子心理健康的主要标志。孩子有了自尊心和自信心，才能够全面真实地认识自己，在此基础上产生学习的需求，产生探究的动力，进而产生创新意识，尽最大可能地释放自我，展现自我，不断增长自己的才干……

吹着蒲公英回家

随着知识经验的增加,身体心智的发育,孩子越来越对自己的力量与智慧充满信心,他们十分渴望自己能够去做很多事情,渴望体验那一份成长带来的喜悦。这份稚嫩的自信心是需要保护的,保护的最好方法不是对其失败的安慰,而是创造机会让孩子体验到自信带来的快乐。而坚持恰好就是自信的孪生姐妹,只有两者相依相偎,才能迈上"走向100"的康庄大道……

曾经,在那个温馨的乡下小镇,我们有三个家。一个是我们在镇上的三口之家,一个是镇东的婆家,还有一个是镇西的娘家。女儿小丫还煞有介事地把三个家做了安排:周一到周五住镇上的家,周末镇东和镇西轮流住。四个老人隔一周就能和自己的小孙女小住两天,高兴得一塌糊涂。他们甚至预言:未来的女儿,会比她妈妈更孝顺。

可未来归未来,当务之急是要面对现实。现实是回婆家没问题,因为比较近而且通车。回娘家就得靠运气,不通车还只能碰赶集的便车。最怕有时便车才走三分之一,就在路口拐了弯,不能直接到娘家,我们还得自个儿步行去。

眼下我们娘俩就碰到了这个难题,看着刚才坐的拖拉机冒着黑烟突突突地驶向远方,我一筹莫展,暗暗祈求幸运星的出现。我蹲在路边给女儿讲了三个故事,还是没看见一根救命稻草,我只好背着女儿徒步前行,才走两里山路我就累得气喘吁吁。

我放下女儿,让她自己走,没走五米远,她就坐下来:"妈妈,我走不动了,你去打个电话,让外公外婆来接小外孙!"能通电话还用得着走?完全不懂形势!可女儿不管什么形势不形势,她赖在地上不肯走。我只好背着她走一程歇一程,摇摇晃晃之间我发现女儿有了睡意。这可不行,她睡着了我更背不动,到外公外婆家还有八里路呢!

我把女儿放下来,想让她长点精神:"小丫,你知道前面那块大石头下有什么吗?告诉你,有一群蚂蚁,它们在准备午餐,不信,你自己跑去看!"

女儿一听来了精神,她欢欢喜喜地跑到前面,大石头下,果然有一群蚂蚁在"准备午餐"，真是天助我也！殊不知她这一跑就跑出20米远！女儿蹲下来，看得入了神，身上的汗都凉了，她还趴在地上看得眼睛都不眨，她说她在跟踪一只最最小的蚂蚁，看它是不是真的不要妈妈背……

哄不走，我只好又生一计："小丫，前面那颗大松树长满松毛糖，不如我们去吃点？"有糖吃当然比看蚂蚁来得实在，女儿箭一般地向前冲，睡意全无。我暗暗得意，因为我随手一指，就向前指了足足50米。

这次可没看蚂蚁那么幸运，那棵大松树竟然没长松毛糖。

我忿忿地："怎么会没有呢？记得我小时候，随便找一棵松树，上面都有松毛糖，吃到嘴里甜津津的……"

我怎么回忆都没用，女儿嚷着要向后转——再去看蚂蚁！那怎么行呢？好不容易才前进70米。

黔驴技穷之时，我忽然低头看到大松树脚下有一片蒲公英，毛茸茸的，降落伞一般。我连忙扯下一朵："那我们比赛吹蒲公英，看谁吹得远，怎么样？"

女儿撅着小嘴一口气将蒲公英吹得老远，然后又急急忙忙地向前追去，我憋足了气吹得比她更远。女儿不服气，要求再比一次，这一次我故意吹得比她近，她赢了，兴奋得直叫唤："我赢啦，我赢啦，我吹过妈妈啦！"可我也不服气，强烈要求还比一次……这样比来比去，蒲公英吹得越来越远，我们离外婆家越来越近。

"妈妈，我们要把蒲公英吹到哪里去？"

"把它送回家呀！"

"它的家在哪儿呢？"

"在外婆家门口的矮墙上。"

"那我要和它们一起回家！"

这样诗意的对话，这样浪漫的镜头，竟然出现在蜿蜒的山路上，定格在疲惫的身影里……我还来不及感慨，女儿不吹了，因为她发现一个秘密：蒲公英越吹越多，她的头发上有，衣服上也有。刚刚跑热了，脱了外套，里面的毛衣粘满蒲公英。

蒲公英为什么会越吹越多？那是我撒的，趁她没注意我早在荷包里装了一大把。谁敢保证蒲公英只在这条路上飞呢？眼看蒲公英飞没了，我就偷偷放几朵，再放几朵。没想到有的蒲公英还真倔强，明明飞没了却又寻回来，弄得满天都是蒲公英，真是的……

可眼下能说是我撒的吗？不能！女儿只认一朵蒲公英，她以为她吹的一直就是最开始的那一朵，她有责任把那一朵送回家，送到外婆家门口的矮墙上。吹着吹着来了这么多蒲公英，她没了主意，只是无助地望着我。

我笑得很神秘："蒲公英为什么越吹越多？因为它们看你吹得这么带劲儿，知道你很能干，都想跟着你回家！"

女儿为难地说："可我一个人吹不了这么多，能把它们带回家吗？"

"当然能，你头发上可以粘，毛衣上也可以粘啊。你只管吹你那一朵，其他的跟着你跑就行……"

一席话说得女儿放了心，她豪气十足地说："那我身上有蒲公英就更不能要你背，免得把它们压痛啦！"

中午1点半，我们终于到家。把那些蒲公英送上矮墙的时候，我已经饿得饥肠辘辘，女儿却还意犹未尽。她骄傲地告诉外婆她是吹着蒲公英回家的，外婆心疼得想哭："可怜！五岁大就自个儿走了八里路，你妈妈玩的什么穷浪漫……"

我要的就是这份穷浪漫！吹着蒲公英回家，让女儿在浪漫中学会坚持，学会自信。有了这份坚持和自信，就有了一追到底的决心。很多时候，就是这种决心，成就了一个人的人生梦想。

学会坚强

　　现在的孩子太幸福了，幸福得已经不知道什么是坚强。他们有父母的精心呵护，有家庭的温柔荫庇，果断、自制、顽强等积极品质一次次与他们擦肩而过。仔细想想，是谁剥夺了孩子懂得坚强的权利？是谁掳走了孩子锻炼坚强的机会？是我们这些带着深情面具的家长！让我们在培养孩子"走向100"时，拧紧这颗铆钉吧……

　　"今天晚上，全体学生到影剧院看电影！"当哥哥把这个好消息告诉小米时，小米乐得合不拢嘴。因为小镇上的影剧院一年到头也放不了几场电影，放一场电影小孩子就像过节似的。哥哥接着说："这是我们中学生的活动，没你们小学生的份儿！小不点儿，一律靠边站！"小米可不甘心，一做完家庭作业，他就到邻居小凯家串门，两人约好晚饭后就去看电影。

　　小凯跟小米都读二年级，虽然不同班，但两人在一条巷子里玩大，所以同声共气。吃过晚饭，小米跟奶奶打了一声招呼，就拉着小凯钻进了影剧院。奶奶细心，追了好远塞给小米一个手电筒……没有票怎么进得去呢？小米自然有办法：他和小凯分开，看到成双成对的两个大人就跟在身后，售票员还以为是两个大人带着一个小孩，谁还好意思再找小孩要票啊？他们得意洋洋地进去之后，就各自找了一个座位坐下来。小镇的影剧院除了开大会，总能找到空座位。

　　两个孩子也不傻，虽然不在一起坐，但看的电影是一样的，快乐是一样的，散场时间也是一样的，有什么好怕的呢？况且，他们家在老街，影剧院在新街，相距不过一公里路。小米底气很足的原因还有一点，哥哥也在看电影，虽然他不知道哥哥坐在哪儿，但那一支中学生队伍里一定能找到哥哥的身影，所以他看电影的时候赏心悦目，看得无忧无虑……

　　散场的时候，小凯忘了喊小米，他挤了半天好不容易才挤出影剧院的大门，忽然想起忘了喊小米，他想再挤进去，可是谈何容易？巨大的人流往外涌，他试了试没有成功，他想，小米那么聪明，说不定早跑回家了；再说，他散场为什么不来喊我呢？真不够哥们……这样一想，小凯也不往里面挤了，他一个人径直回了家。

晚上，小凯洗漱完毕正准备睡觉时，小米的奶奶过来了："小凯，电影散场了，你都回来了，我们家小米呢？"小凯大吃一惊：原来电影散场后小米并没有回家，那他到哪儿去了？一时间，小凯的爸爸妈妈，小米的爷爷奶奶全部慌了神。

小米奶奶后悔不迭："唉，小米的爸爸妈妈不在家，我真不该让他去看电影！万一孩子不见了，我怎么担得起责任？"

小凯妈妈安慰她："不要急，不要急！这条街上都是熟人，应该没事的……"

他们在到影剧院的路上来来回回跑了好几趟，都没看见小米的人影。那会不会跟着哥哥到中学里去住啦？小米的奶奶连忙给哥哥的班主任打电话，班主任又赶紧到哥哥的寝室里找，没有，还是没有！

"小米，你到底在哪里？"小米的奶奶几乎要哭出声来……

就在这时，卫生院的王医生牵着小米走过来了。小凯眼睛最亮，他一眼看见小米，冲过去抱住他就是一拳头："你跑哪儿去了？我们到处找你都找不到……"大家全围上来，奶奶更是紧紧地搂住小米，生怕一眨眼小米又失踪了。王医生责怪地说："看看，你们家孩子丢了，你们都不去找！要不是我，孩子这一夜要冻坏了！"这时大家才弄清楚小米这两个小时的行踪。

原来，小米看电影的时候睡着了，手里的手电筒也不知滚到哪儿去了。散场的时候他还酣睡不醒，等他睁开眼睛的时候，影剧院里一片漆黑。开始他还以为睡在家里，一伸腿，哎呀！怎么伸不直？前后左右怎么都是椅子？他这才想起是在影剧院，那电影呢？观众呢？我的手电筒呢？他喊小凯没人应，他喊哥哥也没人答，用手在地下摸了半天也没有摸到手电筒，这时他才感到一股深深的恐惧，他意识到自己被锁进了影剧院，要出去就必须找到门！

小米在黑暗中用手扶着椅子的靠背，胆战心惊地走了一排又一排，没有找到影剧院的大门。他趴下来，睁着惊恐的小眼睛到处看。这时，他看到有个地方透过来一丝亮光，他赶紧朝着亮光爬过去，仔细一看，那是一条门缝！幸亏影剧院的大门是对开门，两扇门与地面之间有一点点缝隙……小米似乎看到了希望的曙光，他对着门缝扯开嗓子，拼命地喊："救命，救命……"他的嗓子快要喊哑的时候，值夜班的王医生刚好路过，听到呼救急忙找影剧院的人打开门，把小米送了回来……

这件事要不是发生在小米身上，我真以为这是拍电影，小丫也佩服得五体投地："哥哥，你好像电视里的武侠哦！要是我，吓都吓死啦！"我也很好奇："小米，为什么你敢去找门？为什么敢大声喊救命呢？"小米不好意思地说："因为我以为我要死了……"他顿了顿，眨眨眼就自豪地笑了："只有坚强才能救自己！"

说得好！在困难和挫折面前，只有靠坚强的意志力才能让自己强大起来。在生活中，家长可以有意识地为孩子创造一些失败的机会，磨炼孩子的意志，让孩子在提高学习能力的过程中有所悟，有所得。当孩子能够靠自己解决出现的问题时，他也就慢慢地学会了坚强。

神马都不是浮云

　　自信心是美好生活的源头，缺乏自信心的人，不管他有多么大的潜力，多么高的天赋，多么优越的条件，多么宝贵的发展机会，他也不会取得成功的，因为自卑会让他失去争取成功的勇气。而自信不仅会给予孩子积极乐观的生活态度，而且会激活他所有潜能，让其超水平发挥。当我们怀着一颗期待之心，以孩子的现有能力为基础，帮助孩子在每一阶段建立适合自己的目标时，就是在有意识地培养孩子的自信心。因为在孩子"走向100"的道路中，这颗自信心是不可或缺的一个法宝……

　　六一儿童节在孩提时代是个欢乐愉快的字眼，这一天可以用鲜花来庆祝盛典，可以用歌舞来倾诉欢乐，可以用呐喊来释放激情。在女儿七岁那年的儿童节这一天，我们收获了一份沉甸甸的喜悦，这喜悦给小丫刚刚开始的小学生活画上了一个惊艳的感叹号。

　　这一天，小丫穿着金黄色的公主裙，扎着金黄色的蝴蝶结，准备在万人广场上参加"北京欧米娃杯"儿童卡拉OK大奖赛。上台之前，她紧张得小脸通红："妈妈，你说舞台上放的音乐跟我们家一模一样吗？"我拿出伴奏带在她面前晃了晃，肯定地说："绝对一样！因为舞台上放的音乐就是妈妈要交的这个伴奏带，在家里你也是唱的这个伴奏带，你只管像在家里一样唱一样表演，没问题！"

　　也难怪女儿小小的心里填满不安，因为她一直没有正儿八经地在舞台上练过，我们租住的房子不足20平方米，摆好家具就几乎没有转身的地方了。得到这个参赛消息的时候，我犹豫了好几天，到底要不要报名呢？报吧，家里只有一台老式影碟机，没有音响设备，也没有练习空间；不报吧，又怕孩子失去这么好的锻炼机会，在我们小城，面向社会举办这样大型的儿童活动还是首次呢！况且，报名费只交20元。据我所知，我们学校老师的孩子，只要尚在儿童之列，全部报了名。我征询小丫意见的时候，不知天高地厚的她竟然举双手赞成："报啊，报啊，我从来没上过那么大的舞台，我一定会得奖的！"到报名截止的那一天，我才忐忑地给小丫报了名。

回家就开始准备，我给小丫精选了一首歌曲，歌名叫《六一六一》，唱的就是儿童过六一的快乐心情，然后根据乐曲的节奏给她配上优美的动作。看着女儿娇小的身影像一只孤单的白天鹅在走廊上转啊转，我心里满是心酸。因为家里太窄，只能把床当舞台；因为没有话筒，只能把书卷成筒，拿在手里找话筒的感觉。而那台老式影碟机也很不争气，时不时地卡，每次一卡带，小丫就要停下来，求援地望着我。而我则毫无目标地东拍拍西摇摇，怎么鼓捣它也闷声不响。正当我赌气不理它的时候，它又"轰"的一声热火朝天地响起来……于是小丫飞快地卷起书跳上床，拿着"话筒"在那个只属于她的"舞台"上载歌载舞。这情景有点滑稽，多看几遍我就没了心酸，还忍不住笑出了声。女儿见我乐，她也跟着乐，天晓得我们这对母女玩的是黄连树下弹琴——苦中作乐。

才练五个晚上，今天就要正式上台一展歌喉，难怪小丫扭扭捏捏，心里没把握呀！我安慰她："拿不拿奖不重要，重要的是一定要踏准节奏唱对歌词，虽然我们没有上过正式舞台，但你把这个大舞台想成我们家的那张大床不就行了嘛！"小丫果然悟性很高，在台上按照家里床的方位，一会舞到东，一会舞到西；拿话筒的姿势也跟在家里拿纸筒一模一样，自然大方，她找到了舞台的感觉，很好。

但是我却有一点担心：面对满座观众，怕她因为胆怯而中途退场，刚才起码有十个小演员发生了这种情况，刚开始唱得好好的，可唱着唱着就忘词了，然后哭着跑下台……我故意站在小丫看得见的地方，不断地鼓掌示意，给她加油。可爱的小丫真是发挥到了极致，台下观众掌声如雷鸣，最后她以9.6分顺利通过初赛。

下午的决赛对小丫来说真是一种挑战。挑战一，广场上又热又晒；挑战二，留下来参加决赛的都是一顶一的高手；挑战三，小丫抽签排名最后。试想所有的节目评委上午都已经看了一遍，下午再来一遍精彩回放，轮到小丫表演时，甭说评委，就连小丫自己恐怕也没了兴致。这回抽到最后，算我们倒霉。我心里这样想，但嘴里没有这样说，我希望她能坚持到最后，即使不得奖也能明白有始有终的道理。

我把她拉到舞台旁边的一个僻静角落，神秘兮兮地告诉她："你看，连评委都觉得你唱得好，故意让你抽到最后一名，作为压轴戏呢！"小丫信以为真，乐得合不拢嘴。她自信满满地说："妈妈，我抽签抽最后一名，唱歌要唱第一名。待会儿我一定要把那个奖杯捧回家！"捧奖杯我没奢望，我只祈祷到她上台时，还有点精气神就谢天谢地啦！

有上午的舞台经验垫底，小丫也不怕生了，轮到她表演时，我还没来得及交代交代，她就三步两步从前台窜上了舞台……一点也没错，她在下午决赛中的表演比上午的初赛更出色。最让我引以为豪的是尾声部分我只教她转两个圈定型，她竟然一时激动连转了五个圈，把评委都看得站了起来……

当主持人优雅地宣布本次大赛特等奖获得者的名字时，我简直不敢相信自己的耳朵，是小丫，是我的小丫！她以9.8分的高分捧得了那个金光闪闪的奖杯，还得了200元奖金！看着小丫在台上被镁光灯包围，那一刻我觉得自己是世上最幸福的妈妈。

没有条件可以创造条件，没有可能可以创造可能。让孩子迎接挑战，每战胜一个困难，就是对自己的一次肯定；每收获一个成功，就是增加了一份自信。在孩子成长的路上，神马都不是浮云。每一个脚印，每一次付出，每一滴汗水，每一场追逐，都是孩子心中不灭的明灯，足以照亮他们的锦绣前程。

我的地盘我做主

自主是自尊自信的升华，孩子长大以后，要在这个时代中生存、发展，获得成功，而不被时代所淘汰，就必须从小培养他们的应变能力、不断学习更新自我的能力以及生活独立自主的能力。所以，培养孩子独立自主的精神非常重要。只有具有独立性的人才能掌握自己的命运，只有独立自主的孩子才能使生活的道路上充满欢声笑语。有了独立自主，相信在孩子"走向100"的成功路上就铺好了牢固的基石……

小丫进入了"两不管"的阶段：小学毕业、初中待读。在这样一个暑假，一向被我视为荣誉花的女儿，却好像不那么听话了，带有明显的叛逆倾向，甚至有些事让我措手不及。

第一、我的学校我做主！

小学毕业后最重要的是考上重点中学。在我们这个城市，重点中学只有两所：一中和二中。不出所料，一中、二中她都被录取了，家人自然很开心。她还受一中特邀，看了一场"迎新生"的专场演出。这两天，她唱进唱出，活脱脱一只快乐鸟。她把放在我们房间的东西做了整理："没用的全留下来，请妈妈代管；有用的我会带走，放到我的房间。以后我的物品不和你们的放一起，请不要乱翻我的私人物品，谢谢合作！"看我有点恋恋不舍，她又故作惊诧："妈妈，难道你不知道，现在的我们已经流行冲出鸟笼子啦！"

这还只是一个序曲，更突出的表现是择校。我们全家都主张她读二中，因为二中是老牌中学，都是富有经验的老教师，而且狠抓升学率。可女儿坚决反对："我的学校我来选，一中也是名牌学校，虽然环境差点，但老师年轻化，学生素质教育抓得好，全面发展我喜欢！"听听，这哪像小学毕业生说的话？升学这等大事可由不得你！

"由不得我也行，二中是你们选的，我去了也不使劲儿读；一中是我自己选的，我会拼命学，争取像在小学一样考全年级第一名，怎么样？我还要争取当上节目主持人，拿着话筒说英文，那才叫牛呢！"

原来是那场"迎新生"的专场演出坚定了她的选择。那天全场的亮点就是那个说英文的节目主持人，一个小巧的女生，像只美丽的白天鹅，在台上运筹帷幄，收放自如。女儿心生羡慕，回家卷了一个纸话筒，光姿势就学了好几天。可择校这等大事，我们怎么能只凭演出？但作为家长谁又不希望自己的孩子学习动力十足呢？没办法，我只好尊重她的选择。

第二、我的衣服我来买！

第一仗赢了，没想到她来了个乘胜追击！因为考上重点中学，我们准备奖她一套新衣服。这个奖项女儿当然喜欢，但她有一个先决条件："把钱给我，我的衣服我来买！"不得了，才小学毕业翅膀就硬了，想自己作主买衣服啦？

"好，你买，你买，你买了我也不穿，看你现在给我买的衣服，哪一件不幼稚？"我的心一疼，这小东西什么时候"成熟"了？可仔细一想，这两年我给她买的衣服件件过百，有的还是名牌，她都很少穿，有的衣服只穿了一次，就躺在衣柜里睡大觉。周末放假她宁愿穿校服，也尽量找理由不穿。

面对不争的事实，我只好灰头土脸地让步："好，这次就把主权交给你，看你抖个啥花样！"我掏出200元给她，她约了同学一起，喜滋滋地逛街去了。

中午女儿回来了，我的眼前一亮：玫瑰红束腰短袖，配上带纽扣的黑色马裤，好一个朝气蓬勃的中学生形象。她得意洋洋地说："妈妈，比你给我买的真丝裙子还好看吧？给，还找了160元，这是打折的衣服，40元一套！"我感叹：40元要我去买，还不够买半条裤腿儿。可人家现在买了一套，而且还穿得光彩照人，典型的购物新秀啊！不过我心里并不服气：便宜不是好货，我们走着瞧！

原本以为她只穿一次就要扔掉，到时我就可以趁机好好教育教育她。没想到这些日子她穿了洗，洗了再穿。这是她最便宜的衣服，也是穿着频率最高的衣服，唉，我这个弄不懂的妈妈也只好装懂了。

第三、我的朋友我来定！

我一直信奉着"近朱者赤，近墨者黑"的古训，在女儿的小学阶段，跟哪些同学交朋友，我都要帮忙参谋参谋。学习拔尖的可以走得近些；学习中等的走得远点；学习差的尽量少来往。女儿也一直很听话，交友原则基本与我的暗示相吻合。

可临近毕业，女儿跟雯雯同学走得特别近，玩得特黏糊。我心里不乐意，因为这个女孩子成绩特差。但为了不影响升学考试，我也没说什么。可现在她考上了，雯雯没考上，这就是道不同不相为谋啊。

女儿立刻反驳："妈妈，我的朋友我来定！现在我长大了，马上要成为中学生，我知道该和什么人交朋友，雯雯学习不好，但她思想品德好，老师常常说，魅力源自内涵，你以前不也夸她讲礼貌、懂事吗？"我无言以对，只感到已无招架之力，为什么她的每次叛逆都特别有道理？

女儿学着电视里的广告词调侃我："以后，我的地盘我作主！妈妈，请放手吧！"我知道，不管我放不放手，女儿都要自己作主了。以后她的地盘可能远远不止求学、购物、交友这些方面，看发展趋势，她恨不得马不停蹄地扩充自己的地盘，享受自己作主的快乐……我心有不甘，但话又说回来，谁的地盘谁不想自己作主呢？

诚然，妈妈放开孩子的手，有失落，有忧虑，但更多的应该还是信任。我们总是抱怨孩子长不大，殊不知孩子独立品质形成的最大障碍就是家长过分保护型的教育方式。我们为孩子创造了各种独立自主的条件，在恰当的时候，放手让孩子做自己能做的事，当自己能当的家，就等于在对他说："我相信你的能力，相信你的勇气！"

摔到了再爬起来

　　挫折教育，通俗一点说就是教会孩子临危不惧、处变不惊、百折不挠、逆流向上。如今，很多家长只重视孩子的物质条件和学习成绩，而忽视培养孩子吃苦耐劳的精神和向困难挑战的勇气。有句老话："吃苦胜于吃补！"不忍心让孩子吃苦，将使孩子的生活技能与生命潜能不断退化。当他们遇到困难时不能克服，遇到挫折时不能经受，就谈不上自尊自信。人生在世，挫折难免。只有让孩子从小树立正确的挫折观，才能在"走向100"的过程中屡败屡战，愈战愈勇……

　　小米喜欢跳远，主要原因是一般情况下他都跳得比其他同学远那么一点点。就是那么一点点，培养了他的自信，坚定了他当一名跳远冠军的决心。有事没事，他总喜欢找巷子里的伙伴们比赛跳远。巷子里的路都是用青石板铺的，有时候比赛跳两口砖，有时候比跳三口砖，等他读四年级的时候已经可以跟同学们比赛跳七口砖啦！这使他的人气直线上升，巷头巷尾乃至隔两条巷子的孩子，都喜欢来找他PK跳远。

　　可姐姐不喜欢，她觉得喜欢跳远会影响学习，更主要的是觉得有安全隐患。腰扭了咋办？腿伤了咋办？脚崴了咋办？小米不以为然："不会的啦！一切都不会发生的，都像你这样想，那世界上还有跳远这个体育项目吗？"

　　姐姐无言以对，只好对他的这个爱好睁只眼闭只眼。

　　这下小米更带劲儿了，放学后不只在巷子里比赛跳远，还专门跑到小学操场里跳沙坑。当然比赛场地的确定要看对手实力的高低。比如今天晚上来向他挑战的都是清一色的六年级男生，到小学操场里跳沙坑就再合适不过。

　　小米邀来他的三朋四友，当然不会忘记把小丫带上，小丫嗓门大，是最合格的啦啦队队员。姐姐出来阻拦："人家都读六年级，你才读四年级，比个什么呀？出丑不算，万一把腿子骨跳坏了呢？"

　　小米一听就恼火了："别说泄气的话！你是我的妈妈，不鼓舞士气还动摇军心！他们说我不比就是输，输了就要赔10颗弹珠……"

　　我赶快当和事佬："就是就是！我们家小米的实力你又不是不知道！未来

的世界冠军怎能不战而退呢?"

小米带着他的一帮粉丝前呼后拥地走了,我心里暗笑这个不知天高地厚的小家伙:叫你比!你比得过六年级的学生那才叫奇迹!

小孩子的比赛我们大人是没有时间去瞎掺和的,何况这还是非正式比赛,属于自由组合,相当于过家家吧!我和姐姐根本没把这事放在心上,自顾自地做事。没想到天快黑了,孩子们才回来。值得注意的是刚才去的五个小伙伴一个也没有走,都关切地围着小米,叽叽喳喳地好像议论着什么。

我轻手轻脚地走过去,想去探点什么,没想到他们一看到我马上缄口不语。哼,还跟我玩神秘呢!我冷冷一笑:"不就是输了吗?有什么好隐瞒的?你还没去参赛我就知道结果啦!"

这一说可惹麻烦了,所有的孩子都愤怒了。有的说我自以为是,有的说我小人之心,小丫气得直跺脚:"妈妈,你知道什么!哥哥比赢了,看!这是他赢的10颗弹珠!"小米低声细语地说:"妹妹,一人发一颗,还剩五颗留着我们玩!"

我瞠目结舌:赢了?刚才那几个来挑战的男生个个都是人高马大啊!赢了?小米怎么还这样有气无力的?孩子们你一言我一语,我和姐姐才弄清楚比赛的全过程。

原来他们的比赛规则是团体对团体,因为对方有三个人,所以小米这方也要出三个人。可是小米的这五个小伙伴都不敢上,读二年级的小丫更是不值一提。小米就自告奋勇地说,他一个人比三个人,前两场当预赛,最后一局定胜负。六年级的孩子哪有不同意之理?他们等着看笑话呢!

这笑话还真看成了!

第一次小米和大个子比,一跳就输了。

第二次和胖胖比,尽管他用尽全力还是成了胖胖的手下败将。

第三次对方参加比赛的是最强悍的大力士。也许是心慌,也许是不甘,小米在助跳时跑得飞快,一不小心竟然摔了一个嘴啃泥。对手们哈哈大笑,小丫赶快跑过去扶他,可他倔强地一摆手,自己爬了起来,又返回起点,重新向前冲。这一次小米比上次的冲刺速度还要快,还要猛,他咬着牙,头上的青筋爆老高,正当他准备起跳的时候,"咚"的一声他竟然又摔到了!这一下摔得不轻,小米的门牙磕出了血。

小伙伴都劝他放弃算了:"不比了,让他们赢吧!"

小丫几乎要哭了:"哥哥,回去吧!等我们长大了再来找他们比!"

可小米毅然爬起来,努力地笑了笑:"不,我还要比!"

他把鞋带系紧,深吸一口气,撒开脚丫子就跑,不知怎么的脚下一滑,倒霉的他又摔倒在沙堆里。这下小米火了,不等大家围拢就爬起来,又朝前冲去。对手大力士看到小米这么执著,表情有点痴呆。一二三,跳!这一次他竟然超过了大力士的跳远纪录……小米赢了,赢得有点不可思议。

因为他的那双鞋底子有些磨损,跑起来有点滑,所以才会一而再再而三地跌倒,而递给他这双鞋子的人就是我!我以为鞋子滑他就会放弃这场游戏式的比赛,没想到他三次摔倒又三次爬起来,最终取得了这场比赛的胜利!

听完孩子们的话,我被彻底震撼了!当家长有意识地对孩子进行挫折教育,安排一些可能失败的难题给孩子时,可能家长们还没来得及教给他摆脱困境、克服困难的方法,孩子却已经凭着自己的能力克服和战胜了。这说明挫折和失败最能磨炼人的意志,增长人的才干。对孩子来说,摔倒没有什么可怕的,爬起来再努力,一次次失败,又一次次努力,正是这个重要的磨炼过程,一步步铸就了孩子的抗挫能力。

赏识的魅力

赏识教育是充满人情味、富有生命力的教育。其特点就是注重孩子的优点和长处，发现并表扬，逐步形成燎原之势，让孩子在"我是好孩子"的心态中觉醒。成长中的孩子不仅需要老师的赏识，同伴的赏识，更需要家长的赏识。当这种赏识保护了孩子的天赋，激发了孩子的潜能，培养了孩子的自信时，那么不仅孩子有所进步，家长也有所提高。这时我们就可以毫无愧色地说，是赏识教育的理念让我们在"走向100"中达到了双赢……

小米升三年级时，姐姐从小镇迁到小城，和我同住一条小巷。搬家对小米最大的影响就是转学，都一个月了小米在学校还是沉默寡言。有一回，姐姐已经把他送进学校，一转身他又偷偷地跑了回来……要知道在老家的小学里，小米可是风云人物。这是为什么呢？除了恋旧，更主要的是在新环境中小米感到了深深的落寞。

这种落寞首先跟学习有关，看他作业本上错多对少，姐姐心急火燎："你不是很聪明吗？把你的聪明劲儿用到学习上啊！在老家你好歹也是个中上等，到这儿都不知道学习是咋回事啦？"

小米倔强地说："你把我转回老家，转回老家我的学习自然变好！"

姐姐气得点他的脑门："笑话！你以为学校是菜园子门，随便进出啊？我就不信跟不上，你又不是痴呆！"小米依旧不服气。可我觉得眼下最关键的是要激起小米上学的热情。

我拿过他的作业本左看右看，10道题竟然错了8道，对了的两道题中还有一道是个半勾。这……忽然间我像发现了新大陆一样惊叫起来："哎呀，姐姐，你看这道题小米都做对了，简直是奇迹！"

姐姐粗略一看，皱着眉头说："这道题又不难，做对了也不算稀奇！"

我一本正经地说："姐姐，这样想你就大错特错了。正因为这道题简单，所以好多学生就因为粗心而出错；因为这道题容易出错，所以考试的频率比较高，学生最容易因为这题丢分，这类题老师习惯称为危险题……"

我的高谈阔论姐姐听了无动于衷，小米却听得津津有味。

我话锋一转："这说明小米还是热爱学习的，不热爱学习就不会这么细心，不这么细心这道题绝对出错，是吧，小米？"

正在找台阶的小米顺势而下："是的，还有几道题做错，是因为我上课根本没听懂……"我顺势拿起书本给他讲解，然后送给他一个新本子，要他把错题重做一遍，他愉快地完成了任务。我发现这是他转学以来第一次微笑着做作业，你能否认他不是快乐学习吗？

落寞的第二个方面表现为零用钱没别人多。在老家小米每天5角刚刚好，既不贫穷也不富裕。可目前他却想单方面毁约："同学们有的带5元，有的带10元，最少也是一天带2元，凭什么我只带5角？5角拿出来同学就笑话！"

姐姐想一想也有道理，毕竟小镇和小城有区别，她同意每天给小米再加5角。可小米并不买账，他非得每天要2元不可。姐姐恼火了，把1元钱狠狠地扔在桌子上："你吃饱喝足，上学一天还给1元钱零用，委屈你啦？要么1元，要么不要！"小米看也不看桌子上的1元钱，背起书包扭头就走。

我以为僵持一天，喜欢花钱的小米自然经不住诱惑，没想到第二天早上那1元钱还在桌子上纹丝不动。可恶的小丫想把这1元钱占为己有："妈妈，反正哥哥不要这1元钱，送给我吧！"

我故意压低嗓音："知道哥哥为什么不要这1元钱吗？因为哥哥以后都不要零花钱了！哥哥才读三年级就知道挣钱不容易，你可要向哥哥好好学习啊！"我知道身后的小米听得真切，就背对着他一个劲儿地夸："小丫，你们学校像哥哥这样不要零花钱的好学生不多吧？你才读一年级就有哥哥这么好的榜样在身边，真是幸运……"

后来小米还真的不要零用钱了，姐姐夸他，他像模像样地说了一句大人话："荷包里有钱不好，上课总想着下课后买什么吃的，不专心听讲……"这话是他亲口讲的，他还好意思再带零用钱吗？一个坏习惯轻而易举地摒弃啦！

第三点落寞表现为朋友少。初来乍到，班里的同学都不熟悉，小米觉得很孤单。以前在老家放学后呼朋唤友的情形不复存在，他不是一个人在小巷里跑来跑去地滚铁环，就是带着小丫蹲在小巷的尽头看过往行人。

今天晚上他又在院子里反复地磨捡来的石子儿。小丫说，哥哥磨好之后要跟他玩抓石头子儿的游戏。果然，小米把磨得圆溜溜的五颗石子儿往地上一撒："小丫，我先抓你后抓吧！"我拿起一颗石子儿，像拿了一颗珍珠："小米，没想到你还有这样的绝招！我敢说你们班没一个人磨得比你光溜！"小米不屑地笑了："还磨呢！城市的孩子根本没人玩抓石子儿！"

我知道契机来了就不能放过："那你玩啊，把你抓石子儿的本领教给大家，还愁身边没朋友吗？"小米不相信抓石子儿也算本领，我陪他玩了一盘，自然是甘拜下风，小米得意了："连大人都玩不赢我，看来这抓石子儿还是我的强项啊！明天到学校找对手！"

不知道他有没有找到对手，反正从那以后他都是哼着小曲上学，有时候带自磨的石子儿，有时候带自制的铁环，他那些不花钱的小玩意儿花样百出，听说有一次手工课，老师还要他教同学们自制玩具呢！

看来，赏识教育不是简单地表扬加鼓励。是观其本质，赏识孩子的行为动机，以肯定孩子的自信；是审时度势，赏识孩子的行为过程，以激发孩子的兴趣；是抓住契机，赏识孩子的行为结果，以强化孩子的行为。从这些角度考虑，赏识教育不失为一种科学的素质教育理念。

小丫最爱升国旗

　　知人者为聪，知己者为明。一个能正确认识和把握自己的人，才能愉快地接纳别人和调控自己，才能更好地发挥个人专长。然而从小学生的年龄特征来看，年龄越小越是缺乏基本的自我控制能力，本能性的冲动就可能带来消极后果。这个时期培养孩子的自尊心和自信心显得尤为重要。只要为孩子打下了坚实的心理基础，那么不管以后面对什么样的挫折和诱惑，孩子都能表现出来坚定的意志和超强的耐力。唯有如此，在"走向100"的途中，他才懂得自我尊重……

　　自小，小丫就特别爱看升国旗，热爱到什么程度？3~6岁期间，她的表现足以感天动地。

　　那晚我正把她的小脚泡在盆子里搓洗，忽然，她跳出盆子直奔客厅。出了什么事啊？我紧追过去一看，她正庄严地举着右手，站在电视机前敬礼。原来，电视里正在播放新闻联播，新闻联播的前奏就有升国旗的镜头！看她一双赤脚的小样儿，我忍俊不禁，扑哧一笑。我以为我这一笑，小丫的"升旗仪式"就会自行结束，谁知她生气地白我一眼，警示我不能出声，然后又神情肃穆地继续她的"升旗仪式"。

　　3岁的娃娃就知道尊敬国旗，惭愧呀！我赶紧站起来，陪在她的身边，以百分之百的虔诚向国旗行注目礼……

　　自从她知道每晚新闻联播前都要奏国歌、升国旗，我的任务就更重啦。晚上放学后，她总是一再叮嘱："妈妈，我出去玩一会儿，快升国旗了你就叫我，千万别忘记了！"

　　有一次，我到菜园弄菜，回来时新闻联播已经开始了，错过了升国旗，小丫眼泪汪汪："你赔，我要你赔！"缠得我没办法，只好把我们伟大的国歌清唱一遍，让她过了一把升旗瘾，才算了结。

　　4岁时，她第一次作为中班的代表参加全镇幼儿歌唱比赛，因为这次比赛有地区领导观看，所以我特意给她挑了好几首歌，可她一支也看不上。"我只想唱国歌！"小丫倔强地说。在她的强烈要求下，她很快就学会了唱国歌。可是国歌唱得再好，也没见谁在歌咏比赛时唱国歌呀！我试图说服她："小丫，你这金嗓子如果唱流行的儿童歌曲，有可能得冠军！"小丫自信地一仰头："不，金嗓子唱国歌更能得冠军。妈妈，老师说国歌是最伟大的歌曲，难道不对吗？"我自然说不上来，只好请她的音乐老师用手风琴为她伴奏练唱。

比赛那天，小丫一手拿话筒，一手打拍子，唱得浑身是劲儿。投入的表演把老师们乐得一愣一愣的，送了她好些赞美的话。地区领导也被逗乐了，在他们眼里，这个唱国歌参赛的小妞妞甚是可爱，于是不约而同地把夺冠高分亮给了小丫……赛场凯旋让小丫更加坚定了自己的信念：热爱国旗，尊敬国旗，是一件无上光荣的事。

最感人的还是小丫5岁那年的冬天，星期一清早我和小丫躺在温暖的被窝里，似醒非醒。忽然学校喇叭里传来了嘹亮的国歌声，小丫一骨碌从被子里爬出来，站在床上庄严地举起右手，立正敬礼。这怎么行呢？零度以下的天气，她只穿了一套秋衣！我劝她："躺在被子里听听算啦！"可她屏住呼吸，眼睛都不眨一下。我也不敢贸然拉她，等她"升"好国旗，手脚已经冻得冰凉，在我怀里暖了半天……

一年级的暑假，小丫和小米在老家玩，忽然面前停下一辆北京来的商务车，从车上下来了一群外国人！他们个个金发碧眼，满脸笑容，不住地用手势跟人们打招呼。好多人都围上来看稀奇，因为古老的小镇几年也难得有一个外国人造访。

那这群老外把车停在小镇干什么？其实一点也不稀奇，人家是到加油站加油呢！小米可是个凑热闹的高手，不但跟着围观，还主动跟一个大胡子老外握手。大胡子叽里呱啦地说了一大堆，小米一句也没听懂，只是望着大胡子一个劲地"哈罗哈罗"。

大胡子从荷包里摸出一张花花绿绿的纸票送给小米，小米又惊又喜："妹妹，钱！这是外国的钱！"看到小米见钱眼开的样子，小丫气得直跺脚："哥哥，外国人给的钱不能要！"小米眼睛一斜："不要白不要！他自愿送的……"

小丫趁小米不注意，一把夺过小米手中的钱还给大胡子，大胡子对小丫竖起了大拇指。不知道大胡子回头对他的同伴们说了些什么，那些人一下子都围上来，有一个金发女郎还紧紧地搂住了小丫。这可把小米吓坏啦，不会把我的妹妹劫上车吧？他紧紧地扯住小丫，想要让那个金发女郎松手。

导游哥哥笑了："这个外国姐姐说，中国小朋友不贪财，想要跟你们合影留念呢！"小米一下子开心了："那照片会寄回来给我们吗？"导游哥哥神神秘秘地说："就是不寄回来，也会贴在外国人的橱窗里展览，让外国小朋友向你们学习啊！"

听到这里，小丫脸上笑成一朵花，她拉着哥哥的手，摆好姿势，准备和这群老外合影。金发女郎却又把她抱到旁边，给她梳了个小辫，还把自己紫色的头花解下来，仔仔细细地扎在小丫的头上，才把小丫抱到团队中集体合影……临走的时候，金发女郎还送了四张拇指大小的贴画给小丫——是四匹形态各异的骏马。

小丫分了两张贴画给小米，旁边的小孩羡慕不已。我去的时候，商务车已经走远，小米还在埋怨小丫太傻。

我忍不住打趣说："小丫，外国人白送钱，这是天上掉馅饼的好事呀！"

小丫鄙夷地"哼"了一声，理直气壮地背诵起来："我们每个人都应该有民族自尊心和自信心，在任何情况下，都不能以自己的言行损害祖国的荣誉和民族的尊严。哥哥，这是每次升国旗之前，老师要我们背的一段话，你们班没背吗？"

啧啧，小丫已经把个人自尊上升为民族自尊啦！悲催的小米只能无语傻笑。我刚准备夸奖她两句，小丫却叹口气，遗憾地说："可惜，妈妈办公桌上的那面小红旗没带在身边，要是拿着小红旗跟外国人合影，那就更光荣了！"

我宽慰她说："不要紧，等你长大了，就到天安门升国旗。到时候不知有多少外国人争着跟你合影留念呢！"小丫无限憧憬地说："妈妈，我一定要找机会去天安门升国旗！"

我相信她一定会美梦成真！一个自尊自信的小女孩，一个视升国旗为最高荣耀的小天使，怎么会不美梦成真呢？因为俗话说得好："撒什么种子，就能开什么花！"

黑玫瑰的苦恼

　　自卑是一种消极的自我评价，是对自己的能力估计过低，看不到自己的长处和优点，总认为自己这也不行，那也不会。追溯起来，一个人自卑性格的形成往往起源于儿童时代，这种感觉的产生并非认识上的不同，而是感觉上的差异。因为自卑与自尊自信相对，所以毫无疑问，自卑对孩子的心理健康会产生负面影响，对一个人身心的正常发展会起到消极作用。当自卑已经成为人生成功之大敌，我们就不能再等闲视之，而是应该积极寻求克服自卑的方法，帮助孩子摆脱自卑的阴影，自尊自信，带着明媚的微笑"走向100"……

　　我总以为有我这样一个积极乐观的妈妈，小丫也会拥有自信，没想到她也会自卑，而且自卑的原因还与众不同。不是因为后天能力不足或是认识不够，她自卑的原因是——她恨自己皮肤黑。有几次她想入非非地跟我商量："妈妈，能不能把我再生一次啊？这一次你一定要努力，把我生得白一点，最好像白雪公主一样！"

　　其实，女儿生下来那会儿还是白白嫩嫩的，可半岁一过就越长越黑，到三岁时不光脸黑身黑，连手指头也比普通人黑，可以初步判定为褐色啦！我心里难过，先天肤色我有什么能力改变呢？"都怪你，怀小丫的时候那么喜欢吃牛肉……"——丈夫怨我；"这么漂亮的女娃，你这当妈妈的怎么不给她洗干净呢？"——亲戚怪我。有一回，小丫的三姑回娘家实在看不下去，硬把小丫泡在盆里，用"舒肤佳"香皂搓呀搓，折腾了一小时，毛巾擦干一看，还是一双小黑手！三姑服了："真是个小黑妹！"

　　私下里我们夫妻对"小黑妹"是百看不厌的，她除了长得有点黑之外，五官生得相当标致，而且智商情商都很高，关上门我们亲昵地叫她"黑妞妞"！反正她还小，叫什么她都高兴。

　　读幼儿园时，因为她琴棋书画样样出色，而且伶俐可爱，老师们都很喜欢她，喜欢到不叫她名字，而叫"黑丫"。刚开始小丫觉得挺光荣，可后来小朋友"黑小丫""小黑丫""丫小黑"地乱叫一通，终于有一天把女儿惹急了，回家就号啕大哭:"谁叫你把我生得这么黑呀?人家都笑话我……"难道皮肤黑点就要成为孩子的精神枷锁吗?难道这些先天不可改变的因素就有理由成为孩子自卑的原因吗?不,我要让弱项变强项,缺陷变资本!

我附在她的耳边悄悄说:"知道我为什么把你生得这么黑吗?那是妈妈做的记号!"小丫不哭了,支起耳朵听。"因为你长大之后是一个要干大事业的人!你想,现在你是全班的'黑丫',过几年就是全校、全镇的'黑丫',再过几年就是全市、全省的'黑丫',等你长大后就成了中国的'黑丫',全中国就你一个'黑丫',你说神奇不神奇?"

小丫听了,眼珠一转:"那你说,我能当上世界冠军吗?"

"当然能!就因为你长大了要当世界冠军,妈妈怕认不出你才做了这个记号!"

小丫笑倒在我怀里:"谢谢妈妈!"终于暂时把这个包袱丢在了一边。

读一年级的第一天,小丫又耷拉着脑袋回来了。因为一年级换了新同学,大家照样围着她看稀奇,而且嘴里直喊:"非洲人,非洲人!"不管他们是有心还是无意,都严重伤害了小丫的自尊,她甚至都不想上学了。我分析:"咋没人围着他们看呢?因为他们太普通、没看头!你的这种黑其实就是特色美!"小丫马上来劲了:"爷爷也说,白的只好看,黑的才是好汉!我要好好学习,让他们知道我这种黑,是了不起的黑!"

小丫说到做到,第一学期就加入了少先队,当上了班长;第二学期就有小稿在校报上发表,还有一篇在全市获奖。到了二年级统考时,小丫竟在全年级500多名学生中揽了个双课第一名!校长亲自给她颁奖:"这是盛开在我们校园的黑玫瑰,黑得让人骄傲!"

成了"名人"的小丫一溜小跑,回家就问我黑玫瑰是什么东西。我告诉她,那是稀世珍宝,花店里摆满了红玫瑰、黄玫瑰,就是没有黑玫瑰。有人说,黑玫瑰百年才开一朵……一席话说得小丫心里美滋滋的。我想有了这种动力和自信,以后"皮肤黑"就不会成为她前进路上的阻碍了吧?

可升入三年级才一星期,小丫就回来说:"妈妈,我的绰号又变了,叫'黑皮'!"天,这样一个美丽的小精灵竟然叫黑皮!这群孩子也太损了……我正斟酌着该怎样安慰她呢,没想到她却不气不恼:"动画片里的黑皮帅狗既聪明又可爱,大家都喜欢它,'黑皮'这个名字我要定了!!"小丫歪着脑袋,捏着拳头说:"我要跟黑皮帅狗一样了不起!"

我不知道在女儿以后的成长道路中，还会因为"皮肤黑"遭遇多少挫折，但我却不用再担心了。因为我的"黑玫瑰"已经告别自卑，不再苦恼。她不仅拥有了不同凡响的出色，还懂得了出色就是真正的美。

曾记得有这样一道著名的公式：自尊=成就/追求。这个公式对于每个人都是适用的，但是真正的具体内容又可能完全不同。我们应当引导孩子用正确的标准建立自尊，用正确的标准来评价自己的所作所为，即用正确的价值追求，形成自己强大的精神动力，从小立志用创造性的劳动，来充实自己精彩的人生，为社会做贡献。有了这样的理想，有了家长帮孩子制定阶段性目标，一步一步地朝前走，在不断成功的激励中，孩子的自信心会不断增强，而自卑早已在不经意中消失得无影无踪。

第四章 热爱学习——走向100

  兴趣是学习的马达，这个马达输送的动力不可限量，而孩子学习成绩的好与坏，就取决于学习兴趣高不高。只要家长对孩子的学习兴趣进行恰到好处的引导，孩子就能在兴趣中轻松学习，获得科学文化知识，产生远大理想，然后努力钻研，保持源源不断的学习动力。这些引导既包括家庭氛围的营造，又包括学习空间的创立，还包括批评与赏识的相辅相成……

把周末说成四个半天

家长为了能够让孩子好好学习,总是想尽各种办法。在面对孩子的学习问题时,也总是不惜一切代价。其实,让孩子热爱学习并不是一件困难的事情,只要我们能找对方法,并且能够用得恰当,那么孩子的学习兴趣就会大大提高,学习成绩也会一路上升。这个时候,我们还愁孩子的学习能力不"走向100"吗……

女儿跟我闹,周末不想补课。其实我也没有叫她去补课的意思,关键是学校成立了手风琴乐队,老师规定:每个周六上午必须到学校练琴。在这种情况下,我只能选择支持老师,拥护学校。

可女儿不干,第一周我哄她:"只是去试试,你想,一个手风琴名校的学生,连手风琴都没摸过,多么遗憾!"女儿不情不愿地去了,回来就嘟着嘴,诉了一堆苦:什么手指头弹疼啦,有点充血;主讲老师太老啦,普通话也不会说;陪练老师太坏啦,谁弹不好就敲谁的手背……我满含同情地望着她:"小丫,辛苦了!妈妈带你出去买吃的,慰劳慰劳你!"女儿立马欢天喜地,没有怨也没有疼,一路欢声笑语。我想,她的症结恐怕不是来自对琴的厌恶吧?

果然,第二个周六早上,女儿故伎重演,说破天也不去练琴。老师电话一遍遍地催,我心急如焚,恨不得一把将她拎上车。可看着她哀怨的眼神,又心软了。她边哭边说:"妈妈,院子里的豆豆和沙沙周末都在玩,为什么我的周末就不能玩呢?我一个星期才一个周末……"哦,她不是真不想学琴,而是怕耽误她玩的时间呀!

我蹲下来,扳着指头算:"小丫,你说一个星期只有一个周末,没错!那一个周末有几天呢?"

女儿可怜兮兮地伸出两个手指头:"两天。"

我进一步启发:"有几个半天呢?"

女儿的声音明显大了:"四个!"

"那四个半天,我们只花一个半天练琴,还有三个半天都归你自己安排,你算算看,划得来吗?"

女儿想了想，笑了："划得来，划得来！但你说话要算数，还有三个半天归我玩啊！"

我打着响指："当然，君子一言，驷马难追！"

女儿开心了，不用我催，几乎是小跑上的车……以后女儿没有失言，每个星期五晚上一回来就抓紧时间做作业，然后周六上午练琴，还有三个半天乐呵呵地自己玩，她认为自己捡了个大便宜。小学生自己玩，又能玩到哪儿去？大不了就是看看动画片，跟院子里的小伙伴疯跑，再不就是嚷着要跟妈妈出去逛逛，这些跟学到的琴艺相比，算得了什么！其实我才是真正的赢家，嘿嘿嘿……

顺风顺水的日子总是过得很快，一转眼女儿就读四年级了。在这高年级的起步时刻，我希望她周末能学学作文。因为我开办了作文辅导班，每个周六下午主讲四年级作文。试想：我在堂上讲得兴致勃勃，学生在堂下听得津津有味，而我的女儿却在门外废寝忘食地玩，那是个啥滋味？可怎么跟女儿开口呢？四个半天我已经帮学校抢占一个了，学校的手风琴乐队越练越红火，丝毫没有放人的意思。想想女儿也不简单，小小年纪一不留神就坚持了整整三年！更要命的是，女儿的语数成绩从一年级到三年级都是全年级第一名，还当着班长，人家正红着呢！可再红也得学学作文，虽然文无定法，但还是有技可学。实际上我也有点小心思：希望她能成为"周氏文法"嫡传弟子，尽管我的水平不高，但谁不希望子女能站在自己的肩膀上攀登呢？

想来想去，我还是试着开口："小丫，你是不是学了比例？妈妈请教你一个问题，1∶3和2∶2哪个大？"

小丫满脸讥笑："当然是2∶2大！"

"那我再问你，如果把学和玩分割比例，应该那个大？"

她不知道我葫芦里卖的什么药，脸上的表情有点迷惑，但她精着呢：如果说"玩"大，显然她自己这关都过不了，说不出口嘛；如果说"学"大，她又怕自己吃亏，会加学习任务。所以她盯着我看，狡黠地回答："在我心里，学和玩一样重要！它们的比例是2∶2！"

她自以为这个回答天衣无缝，我却要和她拉钩："不反悔？"

她伸出小指头，坚决地说："永不反悔！"

"那好，我问你，一个周末有四个半天吧？你只学一个半天玩三个半天，这比例错了这些年，妈妈已经忍无可忍啦……"

女儿恍然大悟："你耍赖，耍赖！"虽然她一边追一边打我，但她的脸上笑得像一朵花，不用说，女儿愉快地接受了我的建议——每个周六下午再补半天作文，后来她的作文屡屡获奖，当然这都是后话……

现在我想说的是无独有偶，冬妮的儿子也不想补课，可冬妮就想让他周末练练字。不是说补课有多么好，关键是她儿子学书法很有必要。瞧她儿子的字，东倒西歪，四分五裂，像被雷公劈过似的。字是人的脸面，读三年级几个字都写不工整，不练练怎么行呢？我叫他来，把周末说成四个半天，道理还没讲完，他就眉飞色舞："好，好！学一个半天，玩三个半天，这个事我答应。你跟我妈说说，要她也答应！"看看，明明是妈妈求他，现在变成他求妈妈，母子俩都落了个皆大欢喜。

所以说，把周末说成四个半天，把一个月说成三十天，把一年说成三百六十五个日日夜夜，这不是无聊，而是一种策略。这种策略会让我们的孩子觉得很富足——在这么富足的时间里，为什么不能长点本领、有点进步呢？

数学那些事儿

　　数学是关于数和形的知识，而任何知识都产生于生活实践，数学也不例外。在我们的生活环境中蕴含着丰富的、有趣的、关于数学的奥秘。这些奥秘都是孩子可以感知和理解的，逻辑抽象思维就在这一阶段开始起步，对孩子的数学逻辑智能的培养也因此启动。这种数学逻辑启蒙教育关系到孩子日后对数学的兴趣，所以，当一般家长以自己理解的方法去引导孩子而不重视指导方法时，我们有必要在"走向100"的途中送给孩子一个点石成金的秘诀……

　　暑假姐姐带着小米到三峡工地上去看望姐夫。父子相见，言谈甚欢。他们赏山景、听鸟音、漂流，好不惬意。可再怎么好玩也不能忘了学习，姐姐给他带着暑假作业呢！每天语文数学各做一页，雷打不动。

　　暑假作业当然还是要家长检查辅导的，姐夫忙，这事儿只能指望姐姐。其实，语文还好说，听写读背、字词句篇，万变不离其宗，这个难不倒姐姐。关键是数学，一题一种解法，绕来绕去的，有时把姐姐也给绕得糊里糊涂。这天，小米的数学暑假作业上就出现了这样一道题："一个人挖1米的沟要1个小时，现在5个人同时挖5米的沟要多长时间？"

　　别看小米在日常生活中表现出非凡的聪明才智，但一提到学习，他就像霜打的茄子——蔫了。看到这样绕圈子的数学题更是一筹莫展，只能求助于家长。姐姐思来想去，也不知道如何解题，就拿着作业敲开了邻居家的门。

　　邻居家住着两个暑假来打工的大学生，两个寂寞的大哥哥对姐姐和小米的来访表现出了高度热情，文化人当然欢迎跟文化有关的来访。他们找出纸和笔，想以最快的速度解决这个小学三年级的数学问题，可是算着算着，他们发现了问题：怎么跟小米讲解，小米才会明白呢？大学生甲设速度为X，大学生乙设时间为Y，小米根本不认识X也不认识Y，越听越糊涂，不懂也不能装懂。

　　忽然，姐姐灵光闪现：5个人按照这个速度，同时各自挖1米，不就是用了一个小时吗？这哪是什么数学题，典型的脑筋急转弯啊！她把这个想法一说，两个大学生头摇得像拨浪鼓——这么简单，还用得着学习吗？姐姐的这种解法实在是幼稚！他们又打电话请来一个戴眼镜的大学生，"眼镜"斯斯文文地想了半天，忽然间展颜一笑："这个简单！我们不妨就设整个工程量为单位1……"

姐姐差点就晕了！三个大学生就有三种解法，到底听谁的？还是小米聪明："三种解法都拿着，这道题空着，等要上学的时候再说！"实际上这三种解法他一种也没有听明白，这事就搁下了。

等要开学的前一天，姐姐复查小米的暑假作业才发现这道题还空着。小米慌了："怎么办呢？这道题究竟按照谁的方法做呢？老师说过，错一题要罚十题……"姐姐对孩子的学习也是高度负责的，她拿着暑假作业就去找小米的数学老师，只有小米的数学老师的答案才最有权威。

没想到数学老师一看到这个题目就笑了："又是这道题！好多孩子都被这道题绕进去啦，你看，按小学的方法列一道算式，答案不就出来了吗？等于1小时……"姐姐这个悔呀！自己能做的题竟然去求三个大学生，而且三个大学生的解法还让她糊涂了一个暑假！

吃晚饭的时候，姐姐耐心地把这道题讲给小米听，可是在小米心里这道题已经成了山路十八弯，他怎么也听不明白。姐姐急了，举着筷子说："1个人吃这1碗饭要5分钟，现在你、小丫、小姨3个人都来帮我吃这一锅饭，以同样的速度各自吃1碗，要几分钟？"小米毫不犹豫地说："要5分钟！"姐姐紧紧追问："为什么？"

小米嗤笑了一声："这还不简单？虽然我们三个都在帮你吃，但还是各人吃各人的，同样速度各吃一碗，当然只要五分钟啦！"姐姐大喜："讲解了这么久，小米终于懂了！！"

小丫怕我们斥责哥哥笨，连忙在旁边帮腔："不怪哥哥，数学本来就比语文难。我们数学书上找规律也挺难的……"

这一说倒提醒了我，最近两天小丫的"找规律"题目把我整得头昏脑胀。关键是怎么讲小丫才能掌握方法，才能以不变应万变，有时候我讲得唾沫横飞，可怜的小丫还是一知半解。有了！我效仿姐姐的样子来摆碗：一个、两个、一个、两个，我叫小丫接着摆，她心领神会，照着我的样子，一个、两个、一个、一个、两个地摆了起来。我又拿出筷子，一根、三根、六根、十根；不用我教，小丫就接在我的后面按照递增的规律摆了起来。我拿出小丫的草稿本，先画碗：一个、两个、一个、两个；再画筷子：一根、三根、六根、十根；然后我对小丫说："这种找规律的作业，你能做吗？"小丫三下五除二就做好了，完全正确！最后我不借助实物也不用图画，直接在纸上写数字，小丫照做不误，准确率百分之百。看，书上转不过弯来的理儿，实际操作一点就通，这就是数学的奥秘！

　　有人说，数学是一门费力不讨好的学科。老师课堂讲得明明白白，可自己一做题就无从下手。这是为什么呢？就是没有积极体验知识产生、发展的过程，没有把知识的来龙去脉搞清楚。当我们的孩子从知识形成、发展的过程中，以直观导入客观，用实际上升理论，体会到学习的乐趣，在解决问题的过程中品尝到成功的喜悦，数学那些事儿，还在话下吗？

让孩子喜欢阅读

养成良好的读书习惯，是为将来读书打基础的重要一环。这种良好的习惯会伴随和影响孩子的全部求学过程，可以说是终生受益。如果没有足够的阅读量，理解能力就上不去，那么语文阅读成绩将举步维艰，作文水平也会停滞不前，甚至一些需要有良好理解能力才能获得高分的学科也会深受其害，更谈不上个人素质的全面发展了。因此，在后天读书习惯的培养中，家长要自始至终跟孩子站在一起，当好他的同伴，引导他广泛阅读、正确阅读，为孩子"走向100"打下坚实的文化基础……

小丫不爱阅读，她总是没完没了地缠着我给她讲故事。什么《可爱的小白兔》、《猴子掰玉米》都讲腻了，可她还是百听不厌。更让我无可奈何的是每个故事讲到结尾，她还要穷追不舍："后来呢？""后来，猴子也开始种玉米……""后来呢？""后来，玉米长大了……""后来呢？""后来，玉米又变成了种子……"

唉，可怜我的这点想象力被她挖掘得山穷水尽！这还算是幸运的，不幸运的是她把我的结尾批得体无完肤。这样不行，那样也不行！这是N次讲大灰狼的故事。

"后来呢？"

"后来，大灰狼一口把小白兔给吃掉啦！"

她急得要哭："不行不行，不许大灰狼吃小白兔！"

我灵机一动，"那你说后来怎么样呢？"

小丫眨眨眼睛："后来嘛，后来小白兔趁大灰狼上厕所的时候，逃跑了！"

小丫学着我的样子讲得神乎其神，我发现孩子的想象力其实比我们大人来得精彩……

再讲故事结尾时，我总是叹口气："唉，妈妈忘了结尾，后来，后来……"小丫脱口而出："后来，白雪公主当上了老师，每天都给小朋友讲故事！"我恍然大悟："对对，就是这样……"可她到幼儿园一讲，遭到小朋友的猛烈抨击。

小朋友们对白雪公主后来是不是当了老师都颇有争议，豆豆当面摊开小人书："后来，白雪公主和王子幸福地生活在一起……"小丫讨了个没趣，回家后就嚷着以后不要妈妈讲故事，要自己看书，看的书最少也要比豆豆多。

这正合我意，我立马在卧室给她开辟了一个图书角。所谓的图书角，就是在墙上粘几根花花草草，写上"小丫的图书角"字样；然后钉两颗钉子，钉子之间系一根彩线，把书从中间分开，挂在彩线上就行了。开始只拉了两排书，后来我发现供不应求，就又拉了三排。我把地面铺上彩色泡沫，小丫看书看累了就地打几个滚，快活又自在。看她每天晚上兴致勃勃地在图书角呆上大半个小时，我知道喜欢阅读的第一步——从听读到视读，小丫已经完成了。

女儿书看得越来越多，妈妈当然就要越来越"傻"。我总是厚着脸皮央求她给我讲故事，每个故事讲完我也要傻乎乎地刨根问底："后来呢？后来呢？"小丫可比我有才华，她编的"后来"常常让我大开眼界。看着我一脸崇拜，她更是得意洋洋。她认为能讲故事给妈妈听，那是有能力的体现；能回答妈妈幼稚的提问，更是有知识的表露。

可孩子毕竟是孩子，兴趣有时就像一个万花筒，千变万化，让人难以捉摸，看书也不例外。有时候她正饶有兴趣地阅读童话故事时，会突然莫名其妙地吵着要看电视，无论我怎样劝也无济于事。我记得那天她看的是《爱美的小公鸡》，可能是故事情节不够惊险，才看一半她就没兴趣了，嚷着要出去玩一会儿。我给她讲做什么事都不能半途而废的道理，可她根本不听，撒开脚丫子就往外跑。

我急中生智："来来来，这只爱美的小公鸡究竟有多美？我们把它画出来看看！"小丫一听来了兴致，马上找来五颜六色的蜡笔，在画纸上细心地涂描。十几分钟后，她画的小公鸡红火火的冠子，黄灿灿的羽毛，威风凛凛。我画的小公鸡黄不拉叽，耷拉着脑袋，垂头丧气。

小丫神气地抖着她的画纸："看，我画的小公鸡才叫美！妈妈，你画的小公鸡那叫丑！"我趁机开导她说："因为你画的是故事开始时的小公鸡，我画的是故事结尾时的小公鸡！"

小丫不相信："小公鸡后来怎么会变丑呢？"我语重心长地说："因为它听不进老马伯伯的话，也听不进啄木鸟阿姨的话……"小丫急不可待地翻开书："让我来看看！"她不再提出去玩的事，而是坐下来安安静静把故事看完了。给看过的故事画插图，让孩子运用想象力再现故事内容。透过这些幼稚甚至荒诞的图画，可以看到孩子内心的童话世界以及孩子对作品的理解。稳住孩子的阅读兴趣，这也算是一招吧？

　　上二年级后，我就不再满足于听小丫讲口语化的故事，也不再满足于她画的简笔画故事。我希望她能朗读给我听，特别是读一些角色性强的故事。因为我买的书上都有拼音，小丫读得摇头晃脑，我听得有滋有味。后来她选上了学校的播音员，读书的兴趣越来越高，在诗朗诵赛、演讲赛中屡屡获奖，看着她从视读又发展到朗读，我知道她读书的兴趣已经培养起来了。

　　日子一天天过去，小人书一本本看完，读三年级的小丫已经不满足于这个小小的图书角了，她强烈要求我给她做个书柜，每天晚上睡觉前和妈妈各人看各人的书，互不打扰。有时我故意缠着要她讲故事，她就鄙夷地一笑："不会自己看书？随便找找，家里哪儿不是书？"是的，我时不时地遗落一些适合她看的书，在床头，在桌上，在窗沿，也在她经常打开的抽屉里……

　　我终于发现，良好的阅读习惯可以丰富孩子的生活空间。除了为孩子买一些适合这一年龄段阅读的图书外，还要设法使阅读变得更有趣味性，从而使孩子对阅读有兴趣，也更入迷。只要我们家长有营造阅读氛围的细心，有把阅读作为每一天重要节目的耐心，有鼓励孩子体会阅读乐趣的慧心，让孩子喜欢阅读简直易如反掌！

倒车 请注意

对于孩子来说上课做小动作、注意力分散、不爱思考、成绩提不高，等等，这些都是因为注意力培养不够造成的。注意力是指孩子的心理活动指向和集中于某种事物的能力，它是一切智力活动的保证，也是孩子"走向100"这个目标的必要准备……

孩子的注意力多半是由有趣的事物、精彩的节目等让感官受到刺激引起的。比如姐姐的儿子小米，他能纹丝不动地看半天动画片，但一到课堂上就坐不住了。不是摸这摸那，就是东张西望，有时还影响别人。老师想了一个办法，让他和学习好的同学当同桌，老师以为没人理他，他自然就会集中注意力听课。可他依然故我，一个人玩得不亦乐乎，时而喃喃自语，时而摇头晃脑，惹得学习好的同桌也忍俊不禁。

后来老师又想出一个狠招，让他一个人坐到最后一排。你猜怎么着？他照样不闲着，每天用铅笔头在墙上钻洞眼，还振振有词地说要"滴铅成洞"……老师无奈之际，每次家访都是这句话："你的孩子聪明是聪明，但就是太好动，屁股上像长了刺，上课注意力不能集中！"姐姐为此伤透了脑筋，一个上课注意力不集中的学生，他的学习成绩又能好到哪里去呢？再聪明也是白聪明啊……

在家里学习也一样，每天一放学，小米就把书包往沙发上一甩，喝一杯水，拿一袋零食，噔噔噔地跑到楼下院子里，不玩到天黑不回来。做家庭作业？那更是千呼万唤始出来，犹抱琵琶半遮面！好不容易才肯拿出作业本，不情不愿地完成任务。

可是今天好像有点反常，小米一回到家里，就拿出纸笔刷刷刷地写起来。既不喝水，也不吃零食，更不要说出去玩了。姐姐看在眼里喜在心上：莫非，读六年级知道自觉学习啦？看他那一笔一画的认真样，注意力可是高度集中呢！姐姐轻手轻脚地走到儿子身边，想看一看他写的什么作业，小米把纸一卷："不给你看！如果你再要看，我就不写了！"姐姐只好讪讪地走进厨房，给儿子张罗吃的去。

姐姐炒了一碗鸡蛋饭出来，小米还在写，写得专心致志。一张稿纸已经写得密密麻麻了还不算，第二张又铺好压平写了起来。姐姐轻声细语地说："小米，吃了再写！边吃饭边休息，也不耽误时间……"小米头也不抬地说："不吃不吃，写完了再吃，我就不相信今天我写不完！"学习上有这股劲头还说什么呢？一个彻头彻尾的毛小子能静下心来学习，心花怒放的姐姐顺势往他的纸上瞥了一眼，这一看不打紧，把姐姐的心看了个透心凉。原来小米这么努力写的作业只重复着一句话——我再也不上课讲话了！

傻瓜都知道，小米在课堂上又犯了错误。他却不以为然，振振有词地说："都怪这个老师太狠！上课说小话，就罚我把这句话抄1000遍，不然明天早上不准我进教室，唉，苍天啊，大地啊，哪个神仙姐姐为我出口气啊！"

姐姐还有气不得出呢，闹半天，白激动白欢喜了……

可小米根本对妈妈的透心凉不以为意，他正忙活着找他的笔芯呢！一支笔芯已经写完，可1000遍的罚抄任务还没完成……

我在旁边看了又好气又好笑，便把我的笔给了他。谁知他还要一支笔，并且搞得神秘兮兮的："姨，再给我一支笔，两支笔我都握在手里同时写，一遍变成两遍，这样不就快了吗？"

姐姐刚要反对，我拦住了："好的，我们家小米就是聪明，再给你一支笔，按你说的办！"小米果然手握两支笔，虽然写得慢了一点，但一遍抵两遍，值！

还有更值得的事在后头呢！

不出所料，第二天老师罚他把昨天双抄的那300遍再抄一遍，"罪名"又加一条：投机取巧！小米自然将罪名转赠给我，说我昨天晚上不但不阻止，还帮忙借笔……分明是助纣为虐嘛！我装出万分委屈的样子说："姨给你帮忙你不感谢，还怪罪姨……这不是现实版的狗咬吕洞宾吗？"

其实，我心里乐着呢！哼，混小子，我就是要给你买个教训！其实我本来想等他尝到苦头，就及时给他讲点道理的，恰好这时窗外传来了"倒车，请注意！倒车，请注意"的喇叭声，小米一下子被吸引过去了，趴到窗户边看稀奇。

看看，注意力又不集中了，我们明明在讨论罚抄的问题呢！姐姐恼怒地去扯他的袖子，小米的胳膊肘三拐两拐，丝毫不理姐姐。他的稀奇还没有看完，自然是不肯离开窗台的。

我灵机一动，指着楼下的小货车问："小米，姨问你，倒车为什么要反复播放这句话？"小米才不傻呢："这么简单的事都不知道，还是大人呢，那是提醒行人注意啊！"

"如果行人不注意会怎么样啊？"我进一步追问。

"不注意就会伤到自己，只有白痴才会不注意！"小米嘴一撇，得意洋洋地。

"那货车还有没有责任？"

"没有！因为他已经提醒了你要注意，你还不注意，那是自寻死路！"

我就此点化他说："小米啊，那上课是不是也是这样？老师已经提醒你注意，你还不注意，那是不是你自己的事？表面看你没受伤，实际上你伤得最重。因为每节课不可能再重复，你注意力越不集中，知识的缺口就会越大……"

不知道小米是否完全听懂了我的话，我只知道两星期之后，老师家访说小米上课的注意力能集中了，跟以前是判若两人。我问小米怎么回事，小米不好意思地说每当他的思想开小差时，他就在心里默念："倒车，请注意！倒车，请注意！"这样注意力又可以再集中一阵子……

虽然不知道这个方法是不是对每一个孩子有效，但是每一个家长都应该有意识地培养孩子的自控能力，让孩子学会管住自己的心。当我们根据孩子的年龄和特性找到一个合适的切入点，帮助孩子提高了注意力时，也就变相为孩子的学习打好了坚实的基础。

让我一次玩个够

许多家长认为不停地读书写作业才是好学生，将来才会有好的发展。可是却忽略了一个生命规律：玩是孩子的天性，不会玩的孩子怎么能长大呢？不会玩的孩子怎么能有快乐的心情呢？没有快乐心情，何谈健康成长、高效学习！在"以人为本"的全球性时代理念的冲击下，漠视孩子生活体验、忽略孩子生命需要、过分看重强制性的知识学习等传统教育模式已经落伍。在孩子"走向100"的成长过程中，家长应时刻注意劳逸结合……

下雪啦！"忽如一夜春风来，千树万树梨花开"，这种美妙的体验不是每天都有的。小米和小丫两个孩子兴奋地手舞足蹈，一会儿冲到雪地里撒一把雪团，一会儿对着玉树琼枝的树干猛摇一阵。姐姐站在窗口喊："回来！快回来！还没写家庭作业呢！"

小米极不情愿地推开门，心不在焉地拿起作业本。哥哥不玩了，小丫也只好拿起她的作业——其实她的作业就是背书，背语文书上的第20课。小米才写一行字，就站起来："妈妈，我出去上个厕所！"下雪家里停水了，出去上厕所的要求合情合理。坐在沙发上织毛衣的姐姐头也不抬："去吧去吧，上厕所还打报告啊？"

10分钟后，小米还没回来，小丫坐不住了："妈妈，我也要上厕所！"正对着取暖器看书的我才懒得动呢："一个人去！哥哥还在公厕，待会跟他一起回来，小心路滑！"小丫也光明正大地拿着手纸出去了。

咦，两个孩子怎么这么久还没回来？姐姐急了："我去看看，不会摔倒吧？"姐姐站在门口扯开嗓子喊几声后，小米慌里慌张地回来了，后面跟着跟跟跄跄的小丫。他们裤腿上满是雪末，小手湿漉漉的，脸上却笑眯眯的。

不用问就知道两个小家伙在玩雪，姐姐生气地说："赶快写作业！外面又冷又滑，不要惹是生非！"我也随声附和："家里有取暖器，作业写好就围着炉子吃火锅，多温暖！"小米嘟囔着："火锅可以天天吃，雪天天下吗？"他把小书桌搬到靠窗的地方："妹妹，到这儿来背书，这儿光线好！"小丫赶紧

第四章 热爱学习——走向100

跟小米挤一块，姐姐笑了："管你们在哪儿写，只要学习就行！"

过了一会儿，我好像听不到小丫的读书声了，到小书房里一瞧：两个孩子正把手伸到窗户外面接雪花呢！小米还不时地用嘴巴舔一舔："妹妹，你吃吃看，凉丝丝的！"小丫也学着小米的样子，张开嘴巴去接雪花。

我冷冷一笑："哼，你们这是在学习吗？"两个孩子吓一跳，小丫赶快举起小米的作业本："妈妈，我们在学习呢，你看哥哥做的作业……"小米想夺作业本，可来不及了，我已经看得清清楚楚：他竟然才做了一道题！

姐姐过来大发雷霆："好啊，叫你们做作业就在这儿磨蹭！放学一个小时了，你10道题才做一道！小丫也不听话，一篇课文会背一半吗？"小丫自作聪明，没想到闯了祸，她窘了个大红脸，于是她央求姐姐："姨妈，那我和哥哥把作业写完了，你就让我们出去玩雪，好吗？"姐姐同意了，可小米不同意："妹妹，你傻呀？等作业做完天都黑了，出去玩摸瞎子？"

我耐着性子问："那你说咋办？"小米理直气壮："要玩现在就让我们出去玩，玩好了再写作业！"姐姐示意我别理他："哼，学习还跟家长谈条件？叫你写作业就乖乖地写，写好了再玩！"小米毫不示弱："玩好了再写！灯光下可以写作业，灯光下可以玩雪吗？"

这听起来似乎有点道理，我拿出手套："好，你们出去玩吧，玩好了再写作业！"两个孩子欢天喜地地去了，姐姐却跟我生闷气……我劝慰姐姐："让他们写作业也是'人在曹营心在汉'，还不如让他们一次玩个够！免得总惦记着……玩够了自然好好学习！"

20分钟过去了，两个孩子没回来；半个小时过去了，两个孩子还是没有踪影。姐姐开始讥笑我高估了孩子的自觉性。出于安全的考虑，我带上帽子和手套出去找。原来他们在旁边党校的院子里玩"溜滑梯"的游戏呢！

在这个30级台阶的中间，有一条半米宽的非机动车道，上面的积雪都结冰了。他们不知从哪儿找来一块小木板垫在屁股底下，从上往下溜。这样溜往往就是人溜下来了，而回头一看，板子却还吸在坡顶上。

看到这幅情景，我真想笑，孩子们却乐此不疲。他们再爬上去，再溜下来，一遍又一遍地重复着刚才的一幕，全然不管裤腿已经湿透。我问他们玩够了没有，两个孩子异口同声地说："没玩够！"我也加入了他们的行列，三个人爬上溜下，冰越来越滑，每一次攀登都要付出更大的努力……后来，他们终于累了，小米喘着气说："我玩够了，妹妹，回家吧！"

回到家收拾完毕，他们就开始学习。奇怪，刚才磨蹭了一个小时的作业只用了20分钟——小丫的书会背了，小米的数学作业会写了，保质保量地完成了学习任务。小米得意洋洋地说："只要我心情好，没有做不出的题目！"

这句话也许有点言过其实，但我们不得不承认：孩子的心情可以左右学习的效率，玩得好，孩子的心情就好。当玩和学发生冲突时，我们真的可以视情况而定，让孩子一次玩个够！等他玩够了就会以快乐的心情主动进行学习，家长尊重孩子玩的需求，实际上就是为孩子的自我完善营造了一个绿色的环境，给孩子提供了更广阔的空间。

没有什么伤不起

　　人人都会犯错，小学生犯错更是成长中的正常现象，这种现象在学习中表现尤甚。有些家长一看到孩子犯错就感觉很生气，看作业有误大为恼火，见考场失利愤愤难平，在失望、无奈之余大都是生气和指责孩子，而对于犯错的积极因素重视不够，挖掘不够，更谈不上利用他们的犯错来引领其成长了。这种伤不起的感觉实际上就走进了一个家教误区，太看重孩子犯错的负面效应。正确做法是分析找出孩子犯错的原因，并提供有效的改正对策，根据不同的"病因"，开出不同的"处方"，让孩子在"走向100"的学习路上不再重复犯错……

　　真没想到，小丫是个典型的完美主义者。这一点我是在小丫的作业中看出来的，她不允许自己在作业中犯任何错误。千万不要以为这是一件大好事，这只能说明她稚嫩的心承受不了挫折。在学习上，她只要对，不要错；在生活中，她只要好，不要坏。可是在成长过程中，犯错是一种自然现象，现实生活毕竟不是童话！

　　我给她讲"失败是成功之母"，给她讲"错误是正确的导向"，大道理讲了一套又一套，可小丫总是置若罔闻。她一犯错误就哭，找不到原谅自己的理由。看看，又来啦！她明明在书房里做作业，好端端的就"哇"地大哭一声，在厨房里忙活的我心里一紧：完了，又写错了！果然，在给生字注拼音的作业中，她把所有的"p"都写成了"b"，多大点事啊！擦了重写不就好了？

　　"不好不好！擦了还不是有脏印迹，我要全对不要错！"她把笔一扔，跑出去坐在台阶上一个劲儿地抹眼泪。

　　我追出去故意扬扬手："嗨！听说今天你们班同学都叫你老师，有没有这回事？"

　　小丫边哭边说："没有没有，你瞎编！我不是老师，同学们怎么会叫我老师呢？"

　　"哦，小丫不是老师，那怎么可能个个写对呢？你只是个一年级的新学生，正因为不会写才学写，所以写错了不怕，怕的是写错了不改正，下次还写错！"

小丫不哭了，似懂非懂地望着我。我牵着她的小手走进屋，帮她把写错的"b"擦得干干净净。如果就这样改正重写，她下一次可能还会写错，所以我得找出错误的原因。特别是像小丫这样聪慧的学生，把这个简单的声母整排整排地写错，绝非偶然。

我一问原因，小丫满脸愁容："这'b'和'p'两个兄弟长得实在太像，有时候我简直分不清楚……"

我哈哈大笑："它们本来就不是兄弟，而是同一个人！你看，抬头就是p，低头就是b，怎么样，好分吧？"

小丫顿时茅塞顿开，欢欢喜喜地在本子上改错。我想：这样纠正她的错误，以后再把这两个声母弄混淆的可能性就几乎等于零啦！

作业中的错误是书面错误，丁是丁卯是卯，看得见摸得着，当面指出当面改正。可学习上还有一种错误，没有书面提示，不能当面改正，属于无可挽回的错。这种错就是读书读错字。

小丫擅长朗诵，是学校有名的播音员。学校要求，每天中午播音员除了念广播稿，还要声情并茂地讲一个故事。讲故事可是小丫的强项，就讲一个《董存瑞炸碉堡》吧！她先照着书把故事情节温习一遍，然后对着话筒讲得津津有味。整个校园都静悄悄的，她甚至可以想象到同学们驻足聆听的神态，她骄傲地想，也许她讲的故事足以感动全校……所以她越讲越激动，越讲声音越大，最后一句，她竟然把"碉堡"说成了"刀堡"！全校哗然，一连几天小丫都抬不起头来。特别是几个顽皮的男生一看到她就"刀堡、刀堡"地喊，更是让小丫恨不得找个地洞钻进去。可说出去的话，泼出去的水，这样的错误哪有机会改正呢？

我毫不客气地指出："这次犯错是因为你骄傲，自以为会播音，讲个故事不在话下，放松了对自己的要求，正所谓覆水难收啊！"小丫后悔不迭，想必她对这个错误的指正也是心服口服的。以后每次轮到她播音，她都会提前一天在家里先朗读给我听一遍，虚心地把每个字的读音咬准。第二天中午再到学校广播室播音时，犯错率基本为零，自然也就不谈"伤不起"啦！

不过学习上还有一种错，特别要引起重视。这种错属于不可救药的错——考试犯的错。相比而言，这种"伤"在学习中算是"重伤"，因为考试毕竟是检测知识掌握水平的一种手段。通常情况下，数学考试犯错比语文考试犯错更让人伤心，就连平时成绩好的小丫也不例外。

这次小丫的数学期中考试，最后一道10分的拔高题，全班会做的人没几个，但小丫会做。她一看到这道题就喜不自胜，恰好她在复习的时候碰到过类似题目，对解题技巧成竹在胸。她轻轻巧巧拿下这道题，自以为可以得个满分。可考卷发下来一看，鲜红的"90分"让小丫大跌眼镜。不用我帮忙找原因，她就喃喃自语："马虎啊马虎！我在草稿纸上写的答案明明是231，抄在考卷上却写成了213，唉……"可是考试已经结束，考分已经记录，错误已经伤了孩子的心……

所以说，学习上犯错的原因诸多，或是知识没有听懂，或是态度不够端正，或是习惯不够良好。不管是哪种原因，孩子的错误至少可以反馈出一种信息：在学习的成长链中，肯定是有哪个环节出了问题。当我们找出问题的密码，有的放矢地解锁，孩子的愚拙便得到点化，心智也受到启迪，智慧之门从此打开，从这个意义上说，我们家长有什么理由在孩子的学习生活中屡伤不起呢？

自己跟自己比

在我们身边,有的孩子在学习中经常获得成功,因此对学习兴趣大增,从而不断进步;而有的孩子成绩却每况愈下,对学习失去热情,甚至对自己丧失信心,一步步地走下坡路。这是为什么呢?关键取决于家长对孩子是否有正确的鼓励和积极的评价。这种鼓励和评价就直接左右孩子的学习兴趣。爱因斯坦说得好——兴趣是最好的老师!现代科学研究早已表明,兴趣是一种行为动机,强烈的学习兴趣和求知欲,是人才成长的共同点。而家长是否能选准参照物,把握好角度,将直接影响孩子在学习兴趣上是否"走向100"……

今天好像是个生气的日子!先是小丫在生气,从晚上放学回来一直到现在,闷声不响地写作业,和我说的话加起来不超过三句。这不像她的风格啊,谁不知道小丫是属百灵鸟的!我轻手轻脚地走过去,和颜悦色地问为什么会心情不好,她气呼呼地说:"都怪那个老师!叫我们四个学习好的同学把这篇课文抄四遍,其他同学一个字不用抄!"

我很诧异,为什么学习差的一遍不抄,学习好的反倒要抄四遍呢?没天理啊!

小丫把笔掷到纸上,仰天长叹:"唉,命苦!老师说虽然我们是尖子生,但比年级第一名还有差距,虽然我们有单科第一,但总分不是第一;其实我们四个人都比上次考试有进步,可老师不这样比,真没劲!"

怎么安慰心灰意冷的小丫呢?我底气不足:"也许,老师是想让你们有更大的进步!"

小丫冷笑一声:"哼,再这样比,我宁愿当差生也不愿当学习好的人!"她抓起笔又无可奈何地写起来。我无语了,便走过去想和小米搭讪。

没想到小米也在生气!他趴在桌子上貌似思考问题,实际上他重复不变的一个动作就是把中性笔的笔筒取下再套上,套上再取下。"干什么呢?小米,抓紧时间做作业啊!"我故意提高分贝。

小米头也不抬地说:"不想做,做了也是白做!"什么叫做了也是白做?

第四章 热爱学习——走向100

你这作业做完就等于完成任务，完成任务就等于多学知识，多学知识就等于多一些进步啊！我以为凭我的能说会道足可以打动小米，没想到他连笔筒也懒得套了，干脆趴在桌子上摆起睡觉的姿势。

我吓唬他："再不做作业，我就喊你妈妈啦！"一般情况下，在他不听话的时候，向他妈妈打报告比较有效，但如果不是情非得已，谁愿意做这种小人呢？

让我尴尬的是，小米竟"嘤嘤"地哭了。他平时可是比钢板还硬啊！他满腹委屈地擦眼泪："你喊吧！反正她天天说我不好，谁好叫谁给她当儿子去！"

说实话，我非常了解我姐姐，在教育孩子这个问题上确实有点唠叨，但绝对跟"虎妈"沾不上边儿，这两天也没见她批评小米呀！

我小心翼翼地安慰着，竟然把他安慰得火冒三丈，他从书包里拿出一堆试卷，往桌子上一甩："你看看，每次考试她都打击我，把我跟这个比，跟那个比。这次期末考试也一样，我数学考84分，她就说王妈妈家的刚刚考92分，比你强多了，怎么不说我品德考90分，刚刚才考87分呢？我语文考79分，她又说你的好朋友强强考88分，你比他差远了，实际上我的自然考了91分，而强强才考86分……哼，总是拿我的缺点跟别人的优点比，有这样的妈妈吗？"

小米这一说，让我也心生惭愧，我似乎也从来没有发现小米在品德和自然这两门课上略胜一筹，我似乎也是喜欢拿自家孩子的缺点去比别家孩子的优点，结果家长越比越有紧迫感，孩子越比越有挫败感……当我正在庆幸我们家的小丫还没发现这个问题时，小丫凑过来了："我妈妈也是这样，总是说我的字不及沙沙写得好，我的舞不如豆豆跳得美，哼！他们俩敢跟我比学习吗？比学习他们哪里是我的对手……"

读六年级的小米越说越激昂："小姨，不是我说你们大人，如果把你们的工资跟我们班叮叮的妈妈比，你们要活活气死！你和我妈妈两个人的工资加起来没他妈妈一个人挣的钱多……"姐姐听见了，大喝一声："比你个头啊？有本事你去挣点钱给我看看！我们现在的工资比以前高多了！"小米泄气了："看看，就许比我们小孩子，不许比你们大人……"

我故意把手里的试卷抖得哗哗响："姐，你知道吗？小米这次品德考了90分，比刚刚高3分！自然考了91分，比强强高5分，你说小米是不是比他们行？"姐姐轻蔑一笑："嗯，这两门课是比他们强点，可是……"我知道姐姐要说这两门课不是主课，我及时抽出小米的语文试卷："你看，他语文也有进步——79分，我记得上次考试是72分……"小米来劲了："其实我数学也进步了，上次考试是83分，这次我考了84分！"

小丫哈哈大笑："哥哥，一分也叫进步呀？"

小米一本正经地说："那当然，自己跟自己比，一分也叫进步！你没看广告吗？一分压倒一批人！"

我趁热打铁："为了你下次更有进步，快去完成作业，并把试卷的错都改过来！"

小米耍了一点小小的心机："下次我跟谁比呢？"

"当然是自己跟自己比！"

小米满意地笑了："自己跟自己比，我喜欢！"

每个家长在谈孩子的时候，总免不了比较。在横向比较和纵向比较中，家长往往倾向于横向比，总爱拿孩子的不足去比别人家孩子的长处，这样比的结果不仅无法使家长发现、了解孩子身上的闪光点，还挫伤了孩子的自尊心、自信心，使孩子变得自卑。如果多进行纵向比，拿孩子的现在跟孩子的过去比，家长就可以及时地看到孩子的进步，对孩子充满信心，而孩子在家长的鼓励中体会到成功的乐趣，对学习、对自己也会充满信心。自己跟自己比，比出学习兴趣，比出学习动力，这不正是我们所希望的吗？

作文，趣在想象

想象力可以丰富孩子的思维，给孩子的思想插上想象的翅膀，突破时空的阻隔，进而激励其大胆去探求未知的领域。小学生的想象力在作文学习中显得尤为重要。我们常说让孩子说真话、吐真情，也就是让孩子在每日一句的写话训练或者每周一篇的作文训练中，要放飞想象，言有天真。孩子不能没有期待，不能没有想象，更不能没有梦想。让奇妙的想象力在"走向100"中转化成创新精神，转化成超越现实、打造未来的生命激情吧！

小丫读三年级了，正式迈进写作文的门槛。我的愿望是能顺利地带领孩子步入快乐作文的殿堂，让作文焕发勃勃的生命力。实现这个愿望的第一步就是培养孩子的想象力。

放学路上，小丫有点沉默，那样子貌似思考，说不定看到什么脑子里正灵光闪现，专业词汇就叫"灵感"！这一闪即逝的时机可不能错过，我笑眯眯地问她："小丫，此刻你脑袋里正在想些什么？是不是有许多小人，他们在你脑子里哭啊笑啊，有时候也打架，就跟你在漫画书上看到的故事情节一样……"

小丫嘴巴张得老大："为什么我脑袋里要出现这些小娃娃呢？"

我自作聪明地说："这叫灵感闪现。妈妈怕你小，不懂这些，一旦出现赶快给妈妈说，我记下来再加工加工，说不定就是一篇好作文呢！"

小丫很迷茫地摇头。

我进一步启发："那平时当你看到一个人、一件物，或者听说一个故事，心里有没有动过一下下？"

小丫肯定地说："没动！我心里除了扑通扑通跳，就没有其他了！"我的亲啊！

"你脑袋里没想点什么？比如经常把自己想象成小船，把这条回家的路想象成一条清澈的小河；或者给《淘气包马小跳》再加个小尾巴什么的……"

小丫无辜地摇手："妈妈，你别问了，我什么也没想，我现在只想回家吃西瓜！"

启而不发，我哪里甘心自己的失败？三年级作文才刚刚开始呢！既然她没有凭空想象的才华，那就积极实践吧。

我买来一堆饺子皮，邀请孩子们跟我一起包饺子。小丫当然乐意，动手瞎掺和的事，数她最积极。可我有个要求，至少要包三种形状不同的饺子，而且用每种饺子说一句话。小米觉得这是小儿科的游戏，弃权了；小丫则满怀信心："妈妈，只要你教我，不要说三种，就是三十种我也学得会！"

我先把馅放好，再把饺子皮对折，最后把边儿折得层层叠叠，类似荷叶边儿。小丫看得两眼放光，心灵手巧的她果然跟我捏得分毫不差。她迫不及待地要学第二种，我不答应："你还没用饺子说一句话呢！"

小丫脱口而出："我喜欢吃饺子！"

在旁边看热闹的小米扑哧一笑："这么简单的话，谁都会！"

我肯定小米的聪明："哥哥说得对，这么简单的话还需要你说吗？我是要你说，这个饺子像什么？"

小丫眨巴眨巴眼睛："像半个月亮！"

的确很像，可这比喻没一点新意。

小丫想了一会，忽然展颜一笑："妈妈，我知道了，这个饺子像我穿的百褶裙！"我表现出十二分的惊叹，马上教小丫包第二种饺子。

第二种很简单，就是把馅放好后，两边的饺子角对折，中间鼓起来一个小包包。我把这个饺子往盘子里一放，小丫想象的翅膀就展开了："妈妈，这饺子像一个金元宝！"我同意她这个说法，真的，左看像右看也像。因为情绪好，包起饺子来得心应手，她很快就学到第三种。

第三种：把放好馅的饺子皮合拢，用手的虎口轻轻一掐，就掐成了饺子头和饺子肚。小丫学着我的样子捏，可是因为馅放少了，饺子头有点下垂。小丫不好意思地说："妈妈，我们捏的饺子像两朵花，不过你捏的是花开不败，我捏的是花儿凋零……"苍天开眼！自懂事以来，小丫经历了多少事，认识了多少人，见到了多少景，只有今天才如此巧妙运用，创造出令人赞叹的"语言作品"。

小米在旁边看得眼热，也凑过来信手包了一个。可不幸的是，饺子馅放的太多，七捏八捏，竟然把饺子皮捏破了，饺子馅里的鸡蛋韭菜露出来，黄黄绿绿，粘得到处都是。小米的失败更加衬托小丫的成功，小丫笑得像盛开的玫瑰："哥哥，你这饺子笑豁了嘴巴，笑喷了菜……"多好的拟人句啊！小丫的话深深地吸引着我，打动着我，我发现在这种状态下最容易产生顿悟和灵感，言语的、思想的创造性浪花常常会不断飞溅。

　　后来，小丫和小米一起上场，包了各种各样的饺子，虽然有的上不了台面，但是谁说这不是一种创意呢？更妙的是，在种种创意中，他们的想象力得到了发挥，语言得到了丰富。那么，作文中再用笔说话，还愁没有鲜亮的素材、鲜活的语句吗？就是这篇《第一次包饺子》让小丫荣获全市作文比赛一等奖；提起作文就头痛的五年级学生小米，也是因为这篇作文当上了临时语文小组长……

　　尝到想象的乐趣之后，小丫有时候还出题考我的想象力呢！比如昨天，我们站在阳台上看夕阳，讨论夕阳像什么。小丫把她有限的想象力发挥得淋漓尽致："夕阳像一个荷包蛋一样贴在天边。"夕阳像荷包蛋？活了这么多年，我还是第一次听说呢！我笑得花枝乱颤，小丫愤愤不平："你看夕阳圆圆的，黄黄的，不就像个荷包蛋吗？妈妈，别笑了，小丫饿，就想吃你煎的荷包蛋！"原来所饥也有所想！可只要能培养孩子的想象力，这个比喻我也认了！

　　有期待才可能有追求；有想象才可能有创造；有梦想才可能有奋斗不止的执著。孩子的想象力应该注意保护，千万不能横加批评，挫伤孩子想象的积极性。孩子的想象力越强，思维能力越强，表达能力也相对提高，这个时候再谈作文的生动性和趣味性，不是水到渠成吗？

第五章 勤劳诚信——走向100

　　勤劳诚信，可以给孩子带来成功和幸福。因为勤劳，可以创造更多的精神财富和物质财富；因为诚信，可以赢得更多的机会和朋友；因为勤劳诚信，可以在花花绿绿的大千世界中，稳步迈向成功。我们的孩子正处在人生观和世界观形成的重要时期，教他们学会勤劳诚信，让孩子一生拥有享之不尽的财富……

小丫的报复

  每个家长都希望自己的孩子成功和幸福，而诚信就是能带给孩子成功和幸福的难能可贵的品质。"生命不可能从谎言中开出灿烂的鲜花！"海涅的这句名言揭示了诚信的真理。如果我们在孩子的幼儿时期就教育他们要讲诚信，恪守诚信的规范，那他就会建立起良好的人际关系，处处受人欢迎。这样的孩子在交际能力上就已经具备了"走向100"的潜质……

  "妈妈，等等我，我要跟着你！"女儿拽着我的衣襟，又哭又叫。
  我温和地哄她，她不听；我扬起巴掌，狠狠地要揍她，她还是不服。唉，最近女儿总像尾巴似的跟着我，让我烦不胜烦。可是，这能怨谁呢？一个月以前，三岁半的女儿还是善解人意的小丫啊！后来发生了一件事，可爱的小丫一下子变成讨厌的"跟屁虫"了。
  那个双休日，我和三姐相约到乡下去看望父母。临行前，我接了个生意上的电话，便对女儿说："你跟三姨妈先到外婆家玩，晚上我来陪你！"女儿和我拉勾，信任地摇摇手："妈妈再见！"晚上，等我谈好生意，已经没有便车了。同事说："哎呀，就你心疼孩子！就让你妈和姐姐陪一个晚上，你家小丫不会少块肉的！"
  我觉得言之有理，所以没再坚持，在家里看看书听听音乐，晚上过得倒也悠闲自在。第二天早晨，我想女儿从来都没有离开妈妈过夜，现在一夜都过去了，白天还会有什么问题呢？再说，通常上午女儿的精神最好，没准正在外婆家的菜园里找蝴蝶呢。这样一想，我也不急不忙，直到中午时分才回到老家。
  我以为女儿见到我，会满心欢喜地搂着我的脖子撒娇，还会附一个甜吻呢。所以我到了家门口也不急着进去，只是站在门外大喊一声："小丫！"我期待她张开双臂冲出来，伴着银铃般的笑声，上演电视里的幸福一幕。
  可女儿听见我的声音，只是怔怔地望着我，好像不认识一样。我又叫了一声，她才回过神来。没有银铃般的笑声，也没有甜甜的吻，她哭天嚎地地扑过来，边哭边打："妈妈是个骗子，大骗子呀！人家想你你都不知道吗……"她在我怀里揪来扯去，好像受尽了千般委屈。

母亲叹口气："哭了半夜，睡着了脸上还挂着泪……"三姐捧着肚子笑："这下好啦，小丫，快找你妈妈报仇……"我百般解释，小丫就是不依不饶。最后，她噘起小嘴："以后你走到哪儿我就跟到哪儿，看你还骗不骗！"

小丫说到做到，以后我的日子还真是难过了，不管去哪里，女儿都寸步不离我左右，甚至上厕所、倒垃圾她都跟着我，生怕一眨眼，妈妈便没了踪影。

有一次，停水了，我到学校对面的小河里洗衣服，我好心好意地说："小丫，妈妈到河里洗衣服，你就不用跟着，妈妈保证快去快回！"

她不为所动："不行，小河边还有一条路，你要是从那条路溜了，我就没有妈妈了！"

我哭笑不得："妈妈只是去洗衣服，怎么会溜走呢？怎么会不要小丫呢？"

小丫振振有词："我不相信你！那次我到外婆家你就差点不见了！"

我无话可说，谁让娘亲我有错在先？通往小河的路非常泥泞，小丫肯定是走不好的，我只好忍气吞声地一手背着她，一手提着篮子蹒跚而行……身心疲惫时，我开始反省自己的过失，因为那个没有兑现的小小诺言，母女感情受到伤害，我失去了女儿的信任。现在，要想弥合孩子心灵的伤口，就得说话算话。

于是，我从小事开始，每一个小小诺言都千方百计地兑现，可是，要想重建家长的威信，再次赢得女儿的信任，谈何容易！

为了重树形象，我决定洗心革面，经常故意提前给她一些小小的我可以兑现的承诺，比如"明天晚上放学后，我给你买块香香的橡皮吧！"第二天晚上我一定风雨无阻地将一块香香的橡皮装到她书包里，她惊喜地连给我两个吻；再比如星期一就告诉她："这个周末妈妈一定给你讲《小红帽》的故事！"周末我自然是会讲的，《小红帽》都讲N遍了，我会讲我怕谁啊？这一次我还可能得到三个吻。当然，每次都要问一句："你看，妈妈说话算话吧？"我可不傻，成果是需要不断巩固的。现在我不只是在为我犯的错买单，更重要的是我还得帮她"疗伤"啊！

这样努力了许多日子，女儿虽然还黏着我，但不再说我是骗子。可天有不测风云，有一次差点又让我的努力付之东流。

那一天我讲公开课没时间做饭，早就跟她说好，如果她表现很棒，晚上带她出去上馆子。听老师说她真的表现很棒，一节课七次举手发言。

可到了晚上，学校要集中就餐，别的老师都不带孩子，我哪好意思带女儿呢？但不讲信用是不行的，我红着脸对校长说："我把女儿也带过来吃点饭，她那份我给钱！"校长莫名其妙地看着我，我慌忙解释："要不，我只吃一碗，平常我可是吃两碗的……不带她，怕她怪我说话不算数……"慈祥的校长笑了，同事们把这个故事当成了笑话。可我不害臊，因为我这一次的突出表现让小丫越来越相信我。

当晚我就趁热打铁："小丫，这些天妈妈天天说话算数，以后我在附近做事你就不用跟着，好不好？"我以为小丫会善解人意地点点头，她却把头摇得像打拨浪鼓："不！我还要跟着你，上大学也天天跟着你！"我晕！

看来，还要长期言行一致，才能终止小丫对我的"报复"。事实上在日常生活中，也只有这种言必行、行必果的家长作风才能获得子女的敬重与信赖；而子女才会在这片诚信的天空下，洗尽浮华，远离虚伪，沉淀出对待生命的真正态度。

跟亲生无关

　　诚实，对自己负责；守信，对他人负责。所以我们每个人无论做什么事都应以诚为本。当在做一件只有所谓"天知、地知、你知、我知"的事情时，不管你诚信与否，都已折射出你灵魂的崇高与卑劣。比如说，在监考老师转身的时候，你恰好瞥见了同桌难题的答案；在没有监视器的玩具店里，你看中了一个小玩具却没有带足够的钱……是的，这个时候我们只能选择诚信。唯有诚信，才能让孩子从容地面对他人；唯有诚信，才能引领孩子在"走向100"时变得崇高……

　　中午我们请客，小丫当然也要参加宴会，因为客人中有小朋友，需要小丫作陪！看看，小小年纪的她想去凑热闹，理由都这么充分！本来请客就是快乐事儿，多一个小孩就多一分快乐，就带她去吧！

　　结果等客人都到齐的时候，发现那对预约的客人并没有带孩子来。大人们推杯换盏、觥筹交错之间，谁会去在意一个孩子呢？小丫讨了个没趣，三口两口把饭吃完，便趴在我耳边轻轻地说："妈妈，我出去玩了，走的时候叫我一声。"我满口答应："好的，不要跑远了啊。"小丫粲然一笑："知道啦，我保证不乱跑！"

　　宴会结束，客人心急火燎地去赶车，热情的小丫爸爸坚持要亲自驾车把客人送到火车站。可我们在院子里却怎么也找不到小丫，他爸爸说："难道是等不及，自个儿先回家啦？反正今天下午不上学，先回家看看电视也是有可能的……"

　　我不放心，连问了几个服务员，她们都说没看见。我心里有点忐忑，接二连三地呼唤几声，没人应答。他爸爸在旁边幸灾乐祸："咦，你培养的'小人才'不是很讲礼貌吗？怎么走都不跟妈妈打声招呼？"也是！丫头都不跟我说一声就自顾自地走了，我还惦记她干吗？开车先把客人送到火车站，然后优哉游哉地回家吧。

　　到家才知道，小丫根本没有回来。我心里擂起小鼓：难道我的小丫会失踪？难道我的小丫会碰到坏人？她爸爸也笑不起来了，满脸的诚惶诚恐："这样吧,你在家里守着,我再到餐馆去找找!"看着小丫爸爸的车渐行渐远,我在家里坐立不安。

过了一会儿,小丫爸爸打来电话,说餐馆里里外外都没有小丫的影子。就在我双腿发软,考虑要不要打110的时候,有人敲门了。我把门打开,小丫背着书包站在我的面前!我惊喜地张开双臂拥抱她,被她一把推开:"哼哼,不要虚情假意!"

虚情假意,这是发的哪门子脾气?她怒气冲冲地把书包往沙发上一甩,一边擦汗一边说:"我真怀疑,我到底是不是你们亲生的?饭吃好了,开车回家都不叫我,害得我背着这么重的书包一路走回来!"

我为自己叫屈:"我叫了啊,整个院子里都没你的影子,书包也没看见,我们以为你先走一步……"

没想到小丫竟委屈地哭了:"平时爸爸不在家,我总是坐你的自行车;今天爸爸开着小轿车,我却要自己走回来!呜……我根本就不是你们亲生的。明明是你不守信用,走时不叫我;到头来却怪我先走一步。我一直在外面玩,等我进去的时候,满桌子的客人都走了,你们也不见了,只有我可怜的书包躺在门背后的角落里……"

原来小丫出去玩的时候,怕弄丢书包,便把她心爱的书包拎起来放到门背后的角落里。咳,难怪我一直找不到书包!看她泪眼婆娑,我心痛不已:"你都读四年级了,不会想办法啊?看到爸妈走了,你或者打的,或者就在原地等……"

小丫的声音更尖锐了:"打的我有钱吗?原地等谁呀?亲生的爸妈走时把孩子都扔了,还指望你们再去接我吗?从没见过你们这样不讲信用的爸妈!"

小丫这回是彻底伤心了,抽抽搭搭不再理睬我。爸爸回来后,她依然一言不发,默默地流泪,默默地做作业。爸爸没辙了,悄悄地安慰我:"别管她,过几天自然会好的!"

我很郁闷,好意带孩子参加宴会,结果却弄得灰头土脸,两代人心存芥蒂。我可不希望因为这件事让孩子有了心结,她不理我,我可以自说自话嘛:"唉,真是稀奇古怪!刚才我真的满院子里都找了,确实没看见你我才走的;怎么你又后到一步呢?难道你有隐身法?"

小丫白我一眼:"什么隐身法?后来我又到院子外面的小店里,看了一下摸奖。"

唔，明白了！孩子的埋怨没有错，我的解释也没有错，错还就错在"诚信"这两个字上。小丫明明和我约定，只是在院子里玩一玩，没想到她却禁不起热闹的诱惑，跑到院子外的小店里看摸奖。这阴差阳错的结果是她背着沉重的书包徒步回家，心中对大人充满了怨恨，甚至怀疑她不是爸妈亲生……

荒谬的想法就要用荒谬的办法来解决。我长叹一声："实际上，我也怀疑你不是我的亲生骨肉！"小丫转过头来，嘴巴张成"O"形，看她大吃一惊的样子，我知道鱼儿就要上钩了。我不急不缓地说："如果你是亲生的，你就会守信用，一直在院子里面玩；如果你是亲生的，你就会明理，明白自己失信在先；如果你是亲生的，你就会懂事，不会无理取闹！"

小丫的脸红了，她跑过来搂着我的脖子，娇滴滴地叫了一声："妈咪……"看她脸上惭愧代替了委屈，我语重心长地说："今天你受累，只说明了一个问题——在生活中不讲诚信，就会受到应有的'惩罚'。

本来就是这样！诚实守信的做人原则不仅适用于人与人之间的外部交际，也适用于亲人与亲人之间的内部交往。诚信之于家长，可以树立威信建立人格，给孩子确立做人典范；诚信之于孩子，可以养成品质赢得朋友，给家长带来幸福和希望。甚至我们可以这么说，在后浪推前浪的生活大潮中，谁能够扛起"诚信"这面大旗不倒，谁就能立于不败之地。

免费的晚餐

劳动可以锻炼孩子的思维能力、动手能力、组织协调能力；劳动可以让孩子产生克服困难的能力和信心；劳动可以培养孩子的独立意识；劳动还可以创造财富。当孩子了解到劳动的真谛，对劳动产生愉快的情绪体验，那么热爱劳动就会成为他的一种良好习惯。但是家长要注意在劳动中不断关注孩子的心灵，以求孩子完成得更好，把劳动过程和劳动成果联系起来，更深地理解劳动的意义。孩子对劳动成果的印象愈深，教育作用就愈大。这种深刻的印象会在孩子"走向100"的过程中烙下难以磨灭的痕迹……

小米看到小丫实行了周薪制，很是羡慕，强烈要求自己也要"拿工资"，前提是和小丫一样，做力所能及的家务活。但他开价太高，每周工资要10元，遭到了姐姐义正辞严的拒绝。姐姐摆明了说："按小丫的标准，你读四年级每周5元钱的工资还差不多！"小米挺委屈："论年级，我比她高；论岁数，我比她大；论性别，我男她女，凭什么我拿的工资不能比她更多？男孩子力气大，干的活也多。"

姐姐冷笑一声："既然你会干活，那就想办法自己挣钱吧！"我不得不佩服姐姐，在培养孩子爱劳动这个方面，她比我强。我原以为小米一定会很沮丧，没想到他快乐得不行："好，这是你自己说的，我会想办法挣钱的！"

想什么办法呢？第一个办法就是捡破烂。他把用过的塑料杯、饮料瓶甚至草稿纸都收起来，分门别类地装进塑料袋，宝贝似的藏到床底下。无奈破烂源太少，他捡了好些日子，还够不上秤。姐姐讥笑他："你这破烂王还不如我这打工嫂，我给人家点香菇筒子，点一筒5角钱，一天可以点五十几筒，挣20元钱没一点问题！"

说者无意，听者有心。星期六整整一天，不见小米踪影。姐姐晚上回来没看见小米，问他奶奶，没去；问小丫，小丫摇头。眼看夕阳就要下山，姐姐巷头巷尾地找，可哪儿都没有小米的影子。

正不知如何是好，小米回来了，拎着一个小锤子，边走边哼歌。姐姐的毛躁脾气又上来了，一把扯住小米兴师问罪。小米不恼，却用手指着小丫一个劲地笑："是你，是你背叛了我！你可别想分钱哦！"小丫委屈地连连摇手。

我和姐姐看得莫名其妙，小米这才说了来龙去脉。原来，他竟然背着他妈妈约了一个同学，到后街的香菇场点香菇筒子去了。本来小丫也要跟着去，可是小米嫌她人小没力气，不带她去。小丫嚷嚷着要报告姨妈，小米稳住了她："哥哥是去挣钱，又不是去干坏事，只要你保密，我挣了钱分2元给你！"

小丫想想也公平，哥哥挣别人的钱，我挣哥哥的钱，这好像很有道理嘛！所以在寻找小米万分焦急的关头，她还是信守诺言，不曾泄密。我真是佩服小丫沉得住气：她平时都是肚子里装不下四两猪油，丁点儿事都要及时向我汇报的——利欲熏心啊！小丫解释说："因为哥哥做的是好事，就不能打小报告；而且哥哥还说，如果保密工作做得好，晚上请我吃夜宵……"

小米嘿嘿地笑，他掏出2元钱递给小丫，数了数自己还有5元。姐姐很奇怪："你一天不是点了23筒吗？5角钱一筒，应该是11元5角。你中午买了一个包子2角，给了小丫2元，还剩9元3角呀！怎么……"

小米说："开始那个老板不要我们，缠了半天他才同意。人家说小孩子点的质量没大人好，一筒只能算3角！"姐姐彻底感动了，要煮鸡蛋犒劳儿子。小米不吃，他拉着小丫的手往外走："我说过，今天晚上请妹妹吃夜宵！"

小米所说的吃夜宵，就是到巷子尽头要份烧烤。小米点了5角钱的海带汤，1元钱的臭豆腐，兄妹俩吃得津津有味。我悄悄地跟过去，忍不住笑：难得小米有这么节约、珍惜的时候啊！我把钱付了，还给他们一人烤了一盘羊肉串："孩子们，这是免费的晚餐，尽情地吃吧！"小米最喜欢吃羊肉串了，开心得语无伦次："小姨，为什么要请我吃羊肉串？是不是我请了小丫，你就请我？"

"不是！因为你爱劳动，学会赚钱了，小姨要奖励你！你挣的钱你存着，小姨请客！"小米兴奋地两眼放光："妹妹，今天真是个好日子！既挣到钱又吃到了免费的晚餐，耶！"小丫明显没有小米那么高兴，因为她没有体验到劳动挣钱的快乐。小米承诺：下次有机会，一定带上小丫。

机会说来就来。这几天小街上紧缺黄花梨，精明的姐夫立马调了一车回来卖。忙不过来，就吆喝小米帮忙，小米又叫上小丫。开始两天，兄妹俩就是装装袋子，照看摊子。第三天姐夫开出条件："如果学会认秤算账，就给辛劳费。我午休时你们俩照看摊子，一个中午补偿1元。如果卖出了梨，一斤再返你们5角！"

小米一听有钱赚，高兴地笑起来。他一刻也不闲着，带领小丫按大小把梨子分成两堆，还用湿布把梨子擦得油光鲜亮。有他们帮忙，黄花梨的生意出奇地好。姐夫笑眯了眼，见人就夸，除了兑现承诺，还每人额外奖励10元大钞。小丫崇拜至极，激动得连哥哥都喊不好了，每天跟着小米娇滴滴地叫："多多，多多！"

通过劳动，小米得到了一种真正的自尊。当他能够凭着自己的劳动挣到钱的时候，就产生了一种成就感和独立感。如果孩子什么都不做，只知道伸手向父母要钱，那么，他永远都不可能学会独立。所以，父母们，放开你们紧握孩子的双手，让孩子自己去飞，你只需在孩子需要帮助的时候，拉孩子一把，但千万不要背起他，让他自己去走，相信他一定会走出一片属于自己的天空。

花的心思

在科技高度发达的今天，一味地谈勤劳似乎有些落伍。现在的人们更崇尚简化劳动、高效劳动，工作之余大人尚无多少劳动可进行，何况小小的孩子呢？所以很多家长在培养孩子的劳动观念、训练孩子的劳动能力方面，往往不能落到实处。父母要重视发掘孩子的潜力和能力，冲破传统教育的桎梏，将孩子的动手能力教育列为劳动课题。当孩子把知识具体为可操作的实践，体验到劳动的乐趣时，这就达到了学习的真正目的。既然"心灵手巧"这个成语已经充分说明动手能力和聪明程度的关系，那么在"走向100"之前，家长为什么还要忽略孩子动手能力的培养呢……

小丫拥有了属于自己的小房间，果绿色的小床、果绿色的柜子、果绿色的书桌，粉红色的窗帘、粉红色的被子、粉红色的枕头，置身其中有如走进了童话中的公主小屋。欣喜之余，小丫倍感珍惜，为自己这份小小的归宿感陶醉不已，一心一意想给自己的房间里装饰点什么。于是，周末我就给了她10元钱，让小米陪她上街，选购一把塑料花放在书桌上。

不久，小丫回来了，却没买塑料花，而是带回一块粉色的尼龙布。小米嫉妒地说："小丫又节约了4块钱。我们去花店的时候，花店老板正在做花，小丫看了一会儿说她会做了，于是就只花6元买了这块尼龙布，她要自己做花呢……"

小丫并不害臊，她大大方方地说："自己做怎么啦？花店老板都说，做花比买花要便宜！"孩子的积极性只能保护不能打击，我由衷地赞美："不仅仅是便宜的问题，自己动手更有意义，谁不知道小丫心灵手巧！"小丫向小米吐舌头，小米不屑："做出来好看才行！"

下午半天，小丫足不出户，一个人躲在她的小房间里忙活着，我没有催也没有问。一直到晚饭过后，小丫才深情地向我发出邀请："妈妈，到我小房间里来一下！"我一进去就看见一把粉色的花插在花瓶里，显得温馨淡雅。我数了数，一共有七朵。为什么要做七朵呢？小丫幸福地解释："这两朵是爷爷奶奶；这两朵是爸爸妈妈；这朵小花当然是我啦！"

不解风情的我指着另外两朵花穷追不舍："还有这两朵呢？"小丫羞红了脸，她不好意思地说："妈妈，你没发现这不是花朵，而是花蕾吗？一朵稍大，一朵稍小。这朵小花蕾是我未来的孩子；这朵大花蕾当然就是孩子的爸爸呀！"我笑了，不是笑她的幼稚，而是笑孩子小小年纪就有了这么浪漫的幻想——她才刚满十岁呢！

"妈妈，你没有看仔细。你再看看这朵小花，花枝是跟这朵大花连在一起的，实际上就是我盛开在妈妈的怀抱里……"真的，那几朵都是单花单蕾，只有这一大一小的花枝用丝线紧紧地缠在一起，我感动地连连亲吻小丫，没想到大大咧咧的女儿还有这么细腻的心思。

第二天我就帮小丫买来一把绿油油的叶子插在花瓶里，把小丫亲手制作的花朵衬托得更加娇艳。我跟小丫约定：这把花要永远永远地留在我们温暖的家里，无论时光流逝，不管贫富变化……

有了这次成功的体验，小丫对动手制作有了很大的兴趣。有时用蛋壳给自己做一个小小的不倒翁；有时用报纸给我叠一顶圣诞帽。我们不仅不吝啬赞美，还号召小米向小丫学习，培养他的动手动脑能力。但小丫并不满足，她觉得自己比不上哥哥。

哥哥制作的东西都是既实用又节约钱的，比如捡来一根铁丝就扭成铁环，每天在巷子里滚来滚去，不用花钱买玩具；捡颗石子就磨得圆溜溜，装在荷包里玩抓石子儿，全班同学都羡慕。说来说去，她觉得自己的小制作实用价值不大。

看来爱动手还得迎合孩子的需要。我买来两盒曲别针，把家里的一副旧挂历交给她："有空帮妈妈一个忙，用旧挂历给妈妈的书房编门帘……不花钱又好看，买一张门帘要100多元呢！"

小丫欣然答应，其实我小时候就只会这么一种小制作，毫无保留地传给后人，也算一份贡献吧？方法就是把挂历纸裁成等宽等长的细条条，绕着曲别针转圈圈，接头用胶水粘好。再把曲别针一个个串联起来，串成你想要的形状，用钩儿挂在门上即可。因为那时物质匮乏，五颜六色的纸门帘风行一时。我记得我曾把挂历门帘编成M形，连小丫的外婆都夸我想象力丰富……

物质时代我们当然不缺门帘，但如果出自小丫之手，那就是举世无双的产品，除了珍惜别无选择。我精雕细琢地制作一根，小丫看得兴致勃勃，她无限憧憬地说："从今天开始，每天晚上作业一做完，我就开始给你编门帘。每晚编一根，十天就可以编一张门帘啦！"在小丫眼里编门帘是一件可以帮妈妈省钱的大事，是一件可以表现动手能力的大事，是一件可以给全家人带来荣耀的大事。

　　十天之后她的"杰作"终于问世，我协助她挂成倒"V"形。纸门帘花花绿绿，别有风味。我奖给她一盒彩笔，小丫回报给我一个灿烂的笑容："妈妈，我以后还要想办法制作更多的新产品！"

　　后来，她用易拉罐给爸爸制作了一个烟灰缸；用雪碧瓶制作了一个小花篮……不管是来源于自己的创意还是跟别人学习，我觉得只要孩子勤于动手、乐于劳动，就已弥足珍贵。在强调素质教育的时代，只要求孩子好好学习争取高分是远远不够的，还要加强劳动观点和劳动技能的教育，让孩子在动手实践的过程中，培养出独立精神和创新意识，给劳动教育拓展新的外延……

彩色尾巴的雀儿

讲诚信，是做人最基本的道德要求。不管做什么事情，不管后果如何，一个人都要无条件地讲诚信。只有这样，才能保持正直，光明磊落地做人，只有这样，才能得到别人的信任和尊重。我们都懂得，诚信是个人品格的基石，很多优秀的品德素养，都建立在诚信的基础之上。那么，家长在教育孩子讲诚信的时候，自己是不是更应该讲诚信？尤其是对自己的孩子讲诚信？因为以身作则的榜样力量更能促使孩子养成诚信的品格，为孩子"走向100"铺垫成功的路基……

没有一个孩子不喜欢被赏识、被肯定；没有一个孩子不喜欢有奖励、有盼头。小丫也一样，不管做什么事，只要给点表扬，她保证完成得不折不扣；取得丁点儿成绩，只要来点奖励，哪怕只是空头支票，她也像中了彩一样兴高采烈。我正是看准了这一点，保持着高度的热情，把千百年来的普遍说法"哄孩子"列为育儿秘方，激励她一次又一次把主观能动性发挥到极致。

一年级这样哄过来了，二年级我当然还是要用我的"育儿秘方"，虽然不是独门独创，但女儿服这一招啊！哄孩子哄孩子，孩子不哄怎么能长大呢？

"小丫，来把这道能力拓展题解出来！"小丫不情不愿地："妈妈，我不想做，你看，今晚我已经做了两张数学卷！"可那是她老师布置的任务，我这当妈妈的再加一题怎么啦？谁不希望自己的孩子多学一点？再说，她现在的精神正好呢！试一试我的育儿秘方吧！

"小丫，这道题有点难，不是一般的学生能解出来的。如果你能把这道题解出来，我就给你捉只彩色尾巴的雀儿！"

"真的？彩色尾巴的雀儿……嘻嘻，多好看啊！"小丫果然服这一招，一哄就上钩。她拿起笔刷刷地写起来，别提有多认真！我暗暗得意：孩子都是属气球的，你充点气他就鼓起来，从这个角度来讲，是不是应该鄙视那些哄不好孩子的家长呀？今天抱怨孩子不听话，明天抱怨孩子不懂事，不想办法学会哄孩子，孩子怎么会顺溜呢……

小丫很快把这道题做好，我一检查，毫厘不差。当然又少不得一顿赞美，可小丫惦记着彩色尾巴的雀儿："妈妈,你去捉呀!我现在就要那只彩色尾巴的雀儿!"

"你是真傻还是假傻?黑灯瞎火的,妈妈上哪儿去捉?等明儿天亮了,妈妈出去碰碰运气……"等明儿天亮了,我可以说等晴天再去捉;等到晴天,我也可以说不巧妈妈没有时间;等有时间的时候,我还可以说,等回乡下到门前的竹林里捉……反正是哄孩子,谁会当真呢?说不定过两天孩子自己也忘了。我递给小丫一个饼子,嘻嘻一笑:"你放心啊,彩色尾巴的雀儿跑不了的!"

学习上可以哄,生活中更好哄。"小丫,来帮妈妈叠衣服!"我是注重培养孩子劳动观念的,劳动观念不都是从家务劳动中开始的吗?

正在玩积木的小丫头也不抬:"我要玩积木,妈妈没看见小丫正忙着吗?"劳动和玩到底哪个更重要?越是这个时候越要她懂得取舍。

"你先来叠衣服,叠好衣服再玩,如果你先干活然后玩,我给你捉只彩色尾巴的雀儿……"我又开出这张永不过期的口头支票。

小丫乐呵呵地跑过来:"彩色尾巴的雀儿?好的,那我叠衣服,这堆衣服包给我啦!不过,我叠好衣服之后,你一定要给我捉那只彩色尾巴的雀儿!"

我哑然失笑:哪来的"一定"?我自己都没见过彩色尾巴的雀儿呢!哄孩子的话顺口说说,既不花钱又不犯法,有什么问题?

小丫叠好衣服之后,问题来了。她死活要我去捉那只彩色尾巴的雀儿,立刻去、马上去。我拿饼子她不吃,一门心思发脾气:"妈妈,你骗人!每次你都说要给我捉一只彩色尾巴的雀儿,捉到现在毛还没有看到一根!"

我一点也不难为情:"这本来就是一句哄孩子的话,你想想,妈妈到哪儿去捉彩色尾巴的雀儿?"

小丫咬牙切齿地说:"哦,原来你一直在骗我!妈妈,你好坏,你们大人都好坏的……"

这跟坏有什么关系?大人不过是想激励孩子做更多的事,发挥更大的潜能罢了。不知道我这番高谈阔论小丫听进去没有,反正她以后不再缠着我给她捉彩色尾巴的雀儿,但我还是照说不误。

"小丫,五分钟能把这首诗背了,我给你捉只彩色尾巴的雀儿!"

"小丫,这篇作文能打满分,我给你捉只彩色尾巴的雀儿!"

"小丫,这碗汤你能喝完,我给你捉只彩色尾巴的雀儿!"

结果呢,小丫该做到的都做到了,我的那只"彩色尾巴的雀儿"却始终是个童话。好在小丫不再计较，她知道妈妈只是说说而已。日月可鉴，我对孩子没有一点假心，出发点都是为孩子好。

周日，小丫和沙沙在客厅里玩泥塑。小丫说："沙沙，你能做个小碗送给我，我就给你捉只彩色尾巴的雀儿！"沙沙的泥工好，小丫早就想得到沙沙做的泥巴小碗了。沙沙从来没有听说过彩色尾巴的雀儿，他兴奋地捏好泥巴小碗，双手捧给小丫，可是小丫却无法兑现自己的承诺。情急之下，沙沙扯着小丫来找我评理："阿姨，小丫说话不算数，她骗人！"

小丫理直气壮："我只是说说而已，哄小孩子的话你也能当真？你比我小半岁，我哄哄你是想让你做得更好！"

我呆住了：这不是我常对她说的话吗？我红着脸把泥塑小碗还给沙沙，并给了一个乒乓球作为补偿。看着小丫迷惑的双眼，我恨不得找个地缝钻下去……

捉只彩色尾巴的雀儿，这对孩子是一件多么有吸引力的事！尽管我这样许诺，但并没有想到去兑现，只是为了哄孩子做事。但孩子却信以为真，满怀希望地等待着。当一次次希望变成泡影，孩子就失去了对家长的信任，慢慢地也就学会了不讲诚信，这是一记触目惊心的警钟！

总有一样超过你

劳动是人类生存和发展的基础，而孩子终究要独立面对社会，以自己的劳动来获得生存和发展。教会孩子劳动，在家庭中最重要的是让孩子能进行自我服务性劳动并承担一定的家务劳动。除此之外，还要鼓励孩子多参加社会公益劳动、小区公益劳动以及助人劳动等等。孩子在这些亲身实践中不仅会增强劳动责任感、陶冶热爱劳动的情操，还能学会一些劳动技能。更值得一提的是当孩子掌握一些基本的劳动技能后，自信心明显提高，一种小有成就的自豪感油然而生。带着这种感觉去体验学习和生活，在"走向100"的路上，就不再感到辛苦，而是充满了愉悦和欢欣……

小米最近有点烦，妈妈总是拿他和小丫比，比来比去总是表扬小丫批评自己。他也是屋漏偏逢连阴雨，这几次和小丫总是比什么输什么，把那一点可怜的男子汉豪气都比得精光。

先说学习吧！上个星期考语文，小丫考了97分，自己只考了79分，少点就少点吧，还刚好和小丫的分数颠倒，惹得妈妈一阵唠叨；这个星期考数学，小丫考了100分，自己考了80分，整整比小丫少了20分。本来小米读五年级小丫读三年级，年级不同没法比，可这不是理由，小米妈妈生气地吼道："什么没法比？同样都是人，吃一样喝一样，你哪顿不比妹妹吃得多，为什么考试却考不过？"小米语塞，只好把气往心里憋。

再说个人卫生吧！小丫的校服可以穿三天不脏，小米的校服从早上穿到晚上就已经脏得认不清前后。本来男孩子比女孩子好动衣服脏得快，可这话还没说出口，就被他妈妈堵了回去。妈妈咬牙切齿地说："不要找借口！你本来就没有妹妹讲卫生，只要好玩就算要你在地上打个滚，你也是乐意的……"

还有特长方面！小丫的特长多，爱好书法、画画、弹琴和朗诵，而且在每一种爱好上都还拿过大大小小的奖；小米唯一上得了台面的爱好就是打乒乓球，可是从来没有参加过任何比赛，连班级赛都没参加过。小米说他还会抓石子儿、会滚铁环、会跳房子，话没说完，妈妈就很精辟地概括了："小米的爱好就是一个字：玩。讲玩谁都玩不赢你，可惜玩不能叫爱好……"

小米很沮丧，在妈妈眼里，他没一样能超过小丫，而且小米看出来了，妈妈这样说绝非谦虚。作为哥哥，要是能找个机会展现自己的强项，既可以挫挫妹妹的锐气，又可以长长自己的志气……小米一直在盼望这样的机会。

机会说来就来，挡都挡不住。星期日我们结伴回外婆家，刚好赶上外婆家在插秧。农家有句俗话：忙中打火夜插秧，意思是农忙时节没一个闲人，大人孩子都有事可做。我和姐姐下田插秧，他们小兄妹跟着打线。

打线的任务是把偌大一块田分成一行一行的，方便我们把田插满秧苗。小米和小丫扯着打线竿子，量好间距就开始顺线插。小米插得又直又快，小丫插得又弯又慢。小米恼火："你不懂得看线吗？顺着线插秧，怎么会插弯呢？"可小丫就是插得弯弯曲曲，像蚯蚓寻娘。打线打弯了当然影响插秧的质量，他们打了五条线，没一条是直的。

小米忍受不了我们的讥笑，对小丫说："从现在开始，每条线你只靠线栽一根秧，其余的都由我来栽。"小丫如释重负，她一到水田里就摸不清深浅，站都站不好，还谈什么插秧呢？小米勇挑重担，从这头插到那头，小丫实际上就起了个量行距的作用。看着一条条线栽得又快又直，连我和姐姐也对小米发出赞叹。而面对手足无措的小丫，我们实在找不到宽慰的理由。

还有更值得赞叹的。一块田的线打完之后，小米把线收好交给外婆，又接受了新任务。因为外婆正忙着分秧苗和稗草呢。她教孩子们怎样分：秧苗叶子宽，看起来有隐隐约约的经脉；稗草叶子细，上面好像长了一层不易觉察的绒毛。如果能在秧田里就把稗草除去，大田里全是秧苗，能提高收成呢！可恨的是稗草长得极像秧苗，有时候大人也容易分错。但小米没分错，他在秧田里如鱼得水，左一根稗草右一根稗草，每除掉一根他就有一种为民除害的快感。小丫呢，好不容易看准一根，小心翼翼地拔起来，小米大喝一声："放下！那是秧苗，不信你问问外婆！"经过外婆的鉴定，果然是秧苗。小米得意了，小丫只好讪讪地把那根秧苗重新栽到田里……

半天的田间劳动小米游刃有余，占尽风头。而平时风光无限的小丫却默默无闻，感觉到严重受挫。外婆中午为两个孩子煮鸡蛋庆功，小丫推脱说自己不爱吃，一个未动。实际上她觉得无功不受禄嘛！小米却吃得津津有味，他看小丫一副落魄的样子，嘻嘻一笑，露出满嘴的蛋黄："嘻嘻，你也有今天！我早就知道，我总有一样要超过你！"姐姐拍小米的头，不许他骄傲。我觉得这是

走向 100
给孩子一架登高的云梯

118

个增长小米自信的好机会，示意小丫向哥哥学习。

小丫乖巧，甜蜜蜜地说："哥哥，以后在劳动方面我要向你多学习！"

小米得瑟了："不只你，向我学习的人多着呢。上次擦窗户，我一人把教室里的窗户全包了，男生们个个佩服。到操场上搬砖，人家一次搬一块，我一次搬五块。老师说谁不向我学习，谁就是懒汉。老师还说，只要我坚持爱劳动，下学期就选我当劳动委员……"

诚然，学习比不过比卫生，卫生比不过比特长，特长比不过就比劳动，如何？总有一样超过别人。其实，孩子的潜能是要慢慢发现的，发现了就要针对特长加以培养，让孩子能够从中找到自信。有了这份自信，有了这种决心，即便是劳动，也干得热火朝天；即使是身处绝境，也会因为这超人的"一样"，让生命闪出璀璨的火花。

向小金鱼道歉

几乎每个孩子都曾有过养小动物的愿望。那么饲养小动物究竟有没有意义呢？不管是从书本上求证还是在现实中考查，我们发现至少有两个意义。其一培养孩子的责任心、耐心和恒心。孩子在很小的时候，就希望展示自己的独立性以及不断增长的能力。饲养小动物恰恰为他们提供了这样一个平台。其二是培养孩子的爱心，学会尊重生命。从小就照顾小动物，可以使孩子的性格变得温和，进而能够关心和爱护别人。这对缺少和同伴交往机会的独生子女来说，是个有益的补充。总之，在条件许可的情况下，让孩子养一种没有攻击性的小动物，对孩子"走向100"来说，真的是"增益其所不能"……

暑假回老家，小丫发现奶奶家的大猫下了四只小猫。小猫非常可爱，三角形的耳朵，三瓣形的嘴巴，嘴巴旁边还有几根细细的胡须，尖尖的舌头，不时伸到嘴外舔，脚上的指甲是尖尖的、半透明的。小丫每天抽空去看小猫吃奶，顺势摸一摸那油光闪亮的绒毛。她满腔热情地央求我："妈妈，等我和小猫混熟了，就带一只回家养！"

可老猫并不欢迎小丫，看到小丫过去就龇牙咧嘴，我让小丫把饭拌上鱼汤端过去，老猫闻到香味，开心地吃起来。可吃完之后，照样不许小丫摸它的孩子，小丫只好望猫兴叹。奶奶爱孙女，趁老猫外出觅食，捉了那只最玲珑的小猫装在纸盒里，要小丫带回家饲养。小丫喜不自胜，可刚一伸手，小猫用力一抓，把小丫的手抓出一道伤痕。小丫嘤嘤地哭了："原来小猫也这么厉害！像它妈妈一样惹不起……"奶奶自责不已：看来小丫不适合养小猫。

可小丫还是想养一个小动物，我一直犹豫：小动物也是生命，哪有时间养呢？要不，养金鱼吧！金鱼是一种天然的活艺术品，体态奇特，色彩鲜艳，婀娜多姿，相信我们一家人都会喜欢。

买好鱼缸鱼食，挑好金鱼品种，一个崭新的金鱼之家就在我们家的茶几上诞生了。瞧：一身发光的鳞片，一条树叶似的尾巴，一双灯泡样的眼睛，凑成了那样活泼可爱的小金鱼。因为鱼缸不大，形状好似一朵玫瑰花，所以只买了三条小金鱼。两条是红色，还有一条是黑色。我在鱼缸里配了绿绿的水草，花花的石头，还有彩色的假鱼，看起来类似袖珍型的海底世界。

小丫养金鱼的积极性非常高，一有空就趴在鱼缸旁边仔细观察。一会儿说："妈妈，金鱼好像在打架呢！为了争一颗食吧？"一会儿又说："妈妈，那条大鱼好像在生气，不吃也不动。"更有趣的是，她没事就过去陪金鱼说话。

"小金鱼，你们饿了吧？可我不能偷偷地给你们吃，因为妈妈说了，一天喂三颗，三天喂一次；吃多了会把你们的小肚皮胀破的，听话，好吗？"

"小金鱼，你们要洗澡吗？待会，我请妈妈给你们换缸水。因为妈妈怕我把鱼缸打破了，不许我给你们换水。其实，我会换的，你们信不信？"

"小金鱼，走！我来带你们出去晒太阳。不要怕，待会儿你们感觉到摇啊摇，那是水在晃动呢！"

做作业的时候，她也会提前给金鱼讲道理。细心地提醒小金鱼不要捣乱，要乖乖听话。小丫轻声细语的样子，好像我疼爱她一般，那样子俨然就像个小大人。为了方便称呼，小丫还给金鱼分别取了名字呢！那天，她神秘兮兮地把我拉到浴缸边，指着游来游去的金鱼对我说："妈妈，你看，那条胖胖的是爸爸，叫大胖；那条瘦瘦的是妈妈，叫小瘦；这条小小的是我，叫小黑。瞧，它们一家人过得多么开心！就像我们一家人一样。"

有什么比这番话更让我感到安慰呢？从这件事就说明了支持孩子养动物是一个正确的决定！因为这个本来就需要大人呵护的孩子，当有更弱小的生命出现在她的生活中，她一下子变得强大了。养金鱼才一个星期，小丫潜在的能力就得到激发，迅速地完成了角色转换。我意识到这是一个培养责任心的最佳时机，所以毫不犹豫地把换水、喂食、刷鱼缸的工作，全部交给了她。

小丫觉得肩上的担子一下子重了："妈妈，如果我不小心把金鱼缸打破了，怎么办？"如果我说没关系，那她的责任心就要减轻，这不是我的初衷啊！我严肃地说："你要轻拿轻放，如果打破了，小金鱼就没家了。说不定它们摔到地上，还会摔痛……"小丫郑重地点了点头。

这以后，小丫的养金鱼工作进行得有条不紊。换水、喂食、晒太阳、刷鱼缸，从来没出过差错。除了观察，她还把小金鱼当成心灵的伙伴，跟它们表达自己的喜怒哀乐。让我这个大人听了，有时候也为之动容，忍俊不禁。

可是有一天早上，我们却发现那条小小的黑金鱼死了。它挺着大肚子，鼓着眼睛泡，身子僵硬。小丫伤心不已："可怜的小黑！都怪我，怪我昨天喂食喂多了,小黑是胀死的……"其实,小丫没喂多,她还是按常量喂食,怪只怪小黑鱼太玲珑,把爸爸妈妈的鱼食抢食了几颗。

我的分析还没说完,就被小丫拦住了:"不许说小黑的坏话!小黑没抢食,是它爸妈让它的。小金鱼,对不起……"唉,秀才遇到兵,有理说不清!哪有跟一条鱼道歉的!

下午我跑遍了花鸟市场,才买到一条和小黑一模一样的金鱼。我告诉小丫:"这是小黑的双胞胎弟弟,你可要加倍珍惜哦!"因为小黑的尾巴上也有一点红,所以小丫深信不疑。令我大开眼界的是,她以后喂食竟然把三条鱼分三次喂,一次捞一条,放到小水杯里,吃好后再放回鱼缸。她沾沾自喜地说:"我给你们定时定量,看谁还贪吃!"

很久之后这三条金鱼还活蹦乱跳的,如果没有对生命的尊重,没有强烈的责任心,没有爱护动物的爱心,没有持久的耐心和恒心,一个小学生怎么能做到呢?我相信,在养金鱼的过程中,小丫对劳动又有了新的认识,对小动物又滋生了新的情感,这不正是我们想看到的吗?

风一样的谎言

诚实的根本是不说谎话，但在孩子的成长过程中，几乎所有孩子都有说假话的经历。他们说谎的原因各不相同，说谎的动机因人而异，说谎所造成的结果也或大或小。那么家长应该怎样面对孩子的谎言？怎样教导才有利于孩子培养诚实的品质？其实，当孩子出现与诚实相悖的不良行为时，只要给孩子一个说话的机会，然后因势利导，在理解、信任、和谐民主的家庭氛围中教育孩子，就能在"走向100"中取得意想不到的效果……

最近小米迷上了转呼啦圈。小米长得不胖，转呼啦圈当然不是为了减肥，他是为了争气。他看小丫扭着小蛮腰一口气能转10个圈，眼睛都羡慕红了。可他挺着个小肚子没命地晃荡，最多甩5个，呼啦圈就像泄了气一样直接下滑。他口出狂言：两天之内，一定要超过小丫，否则他就不叫哥哥。所以这会儿他转着呼啦圈，在院子里玩得正欢。

"小米，今天的家庭作业完成了吗？"姐姐下班回来，看见院子里玩耍的小米，开口就没好气。小米头也不回地说："做完了，全部做完了！"姐姐看看天色尚早，半信半疑地拿过小米的书包："拿来我瞧瞧！今天完成作业咋这么快呢？"小米扔下呼啦圈，慌里慌张地说："我现在马上就去做！"原来小米并没有做作业！小米在说谎！

姐姐生气了，要小米深刻检讨自己的错误。小米不服气地挠挠头皮："妈妈，哪有你说的这么严重！我只是想先玩一会儿，等会再做作业。"这就是说谎的原因了，他只是为了达到"玩"的愿望而说谎。

可是姐姐不依不饶："那你的意思是玩比学重要？今天一个谎明天一个谎，还学什么知识呢？不行，得给你点颜色看看。去，把今天的作业写好之后再抄一遍……"

小米欲哭无泪，我把他拉到桌子旁坐下："告诉小姨，如果你妈妈不问，你准备完成作业吗？"

他毫不犹豫地说："当然要完成，明天老师还要检查呢！"

我心里有数了，孩子并不是有意说谎，只是情急之下为了逃避责罚，不假思索地说了谎。"你对妈妈撒谎说作业已经完成，没想到妈妈会检查吧？你打算什么时候完成呢？天都已经黑了……"

没想到小米胸有成竹："吃过晚饭后，我就说我困了，然后躲到房间里悄悄写作业……"

"如果你妈妈恰好又发现了你的秘密呢？"我饶有兴趣地问，看他怎么样把这"谎中谎"圆下去。

这下小米显得有点为难："如果，如果……那我就说是明天的作业，我提前做了！"

看着小米如释重负的样子，我暗暗好笑。他可能想不到我还会打破沙锅问到底："如果明天有作业你又怎么给妈妈说？"

小米傻了，他可能真的没想出来下一个谎言该怎么去圆。

我叹了一口气："你看，一个无意的谎言需要这么多谎言去圆，何苦呢？还不如你一开始就对妈妈说实话，就说你想先玩一会儿，然后再做作业！"

小米也学着我的样子叹了一口气："可是，一开始就说实话，妈妈会同意吗？她肯定要逼着我先写作业再玩，等作业写完，天都黑了，还怎么转呼啦圈？"

我冲姐姐眨眨眼："我相信妈妈宁愿要一个贪玩的孩子，也不愿意要一个撒谎的孩子，姐姐，你说是不是？"

姐姐心领神会："那是当然！其实在妈妈面前完全没必要说谎，有啥说啥，只要你的要求正当，一般情况下妈妈都会同意的……"

最后小米像什么都没发生似的去做作业了，我想这次说谎并没有在他幼小的心里划出太深的伤痕。

可好了伤疤忘了疼，没过几天小米就跑到小伙伴面前吹牛了。周日的上午，沙沙、林林和汉青都在我们家玩。我在地下铺了一张凉席，几个小伙伴在凉席上摸爬滚打，好不快活。

林林说："我家的玩具最高级，有火箭、坦克、大炮，还有冲锋枪，哒哒哒，一扫一个排！"

汉青说："这算什么？我家的玩具最全面，有电动小鸭，有魔方，有手掌游戏机……"

小米轻蔑地哼了一声："哼！一个最高级，一个最全面，有我家的玩具最稀奇吗？我家的玩具就是一座八层高的电子小楼房，一插上彩灯，窗户就闪呀闪，像真的一样……"

姐姐和我都听见了，我们俩抬起头迷惑地互望一眼，没想到小米视我们为空气，接着往下吹："这座小楼房是我爸爸从北京买回来的，平常都不给别人玩。从买回来到现在，只有我和小丫玩过，是吧，小丫？"

出乎意料的是，一向作为榜样的小丫也点头附和："是的，我玩过！"

姐姐想揭穿小米的谎言，我用眼神制止了，在小伙伴面前，姑且给他们留点面子。

等小伙伴们散了，姐姐扯住小米，要他交出八层的电子小楼房。小米不以为然地哈哈一笑："唬他们的！我说着玩，妈妈，你不要当真！"姐姐火冒三丈，声色俱厉地训话："小米，从小就学会了不诚实！小丫，也跟着当帮凶……"我觉得没必要这样上纲上线，我在旁边看得清楚，小米之所以说谎完全是虚荣心所致，他只是为了显示自己比别人占优势而夸大其词，制造谎言。也许，说过了也就忘了。

下午沙沙的妈妈过来，要看那座玩具小楼房的样式，以便给沙沙网购。小米这才想起上午胡诌的话，他窘迫地说："我，我是瞎编的，阿姨，您别当真！"小米结结巴巴地给沙沙妈妈道歉，弄了个脸红脖子粗。

所以，看到孩子说谎时，不必贸然发火，要先稳住自己的情绪。先弄清楚孩子说谎的动机和目的是什么。其实，孩子说谎大多不含恶意，有的可能是因为自我保护意识，害怕被责罚，或为了赢得大人的注意，分不明白现实与幻想等因素，才会说谎。只要我们在客观平静的气氛下教育孩子，孩子说过的谎言就会像风一样飞逝，留下的是对"诚实"两个字的郑重思考。

第六章　养成习惯——走向100

　　孩子养成的习惯会伴随他一生，对他的成长道路和生活方式有着重要的影响。在孩子养成习惯的过程中，父母起着举足轻重的作用。因此，作父母的只有一种选择：培养孩子的好习惯，让孩子受益一生。做事有计划，懂得珍惜时间、勤俭节约、不再粗心，等等，都源自于家长的正确教育和恰当引导。事实证明，家长是孩子良好习惯养成的最好参照物……

心动不如行动

千里之行，始于足下！生活中孩子的想法虽然很多，但总是不见其行动，或者他们有限的大脑思维会武断地认为某件事根本不可能有结果；或者又说行动的时机还没有来临。总之，他们会为自己的拖拉找到千百种理由。这个时候，家长就要培养孩子"立刻行动"的习惯，只有行动起来，才能使目标具有现实意义，才能距"走向100"的梦想更近一步……

姐姐搬了新家，新家的院子里有一棵柿子树。树不大，但枝头却挂着红红的柿子，大大小小，红灯笼一般闪着诱人的光泽。小丫和小米两个孩子每天都要到树下看一看，数一数，忙得不亦乐乎。

过了十来天，我们发现柿子一天比一天少，原来是鸟雀在捣蛋呢！鸟雀在枝头叽叽喳喳地啄，红柿子一经啄破就挂不住了，跌落在地上摔成柿泥。姐姐心疼地说："还不如我们摘下来，多少可以吃几个，这样被糟蹋了多可惜！"可我不主张摘下来，因为树小不能攀枝，站在树下又够不着，还不如就这样让柿子挂在树上，看着也是一种风景。

小丫和小米却坐不住了，两个孩子围着柿子树转圈圈，一门心思想把柿子摘下来尝尝鲜。小米说："心动不如行动，妹妹，我们用石头砸！"小丫负责捡小石头，小米负责往树上砸。可小米使出了吃奶的力气，一个柿子也没有瞄准，只打得片片黄叶飒飒地落下来。

姐姐听到动静，连忙跑出来制止："不要砸，不要砸啦，这样很危险的！你们要吃柿子我可以到街上去买……"

小米还嘴说："妈妈，你不是口口声声要我们节约吗？今天放着自家树上的柿子不吃，还花钱到街上买了吃，有你这么节约的吗？"

小丫也和哥哥站在一条战线："就是就是！我们自己来，不用你们帮忙！"

姐姐还要说什么，我摆摆手说："好，今天就看你们的好戏，看你们有什么办法既能把柿子摘下来，又能达到我的两个要求：要保证自己安全，同时柿子完好无损！我们就在旁边看着你们摘，你们可别指望我们会帮忙啊。"

两个孩子还真有骨气，说干就干，而且绝不叫我们帮忙。你看，他们先用石头砸，发现砸不下来，就改用棍子打。小米找来一根长竹竿，对准一个红彤彤的柿子，使劲一打，"啪"的一声柿子应声而落，小丫喜滋滋地跑过去捡，刚伸出手去却又缩了回来——柿子已经摔了个稀巴烂。姐姐在旁边笑得直不起腰，一个劲地说两个孩子是傻蛋。我也笑了，这种摘柿子的方法简直就是做无用功嘛！

小米到底是四年级的学生，他可比读二年级的小丫点子多。他指挥小丫端来一个盆子，在盆子里铺上一块海绵，他用棍子指着哪个柿子，小丫就端着盆子对准哪个柿子。哦，原来他采用的是"上打下接"法！我和姐姐大开眼界，心里不由得暗想：孩子的创造力还真是无穷的……

十分钟后，且看他们战果如何：小米打得好，小丫也接得准，兄妹俩配合得相当默契，可落在盆子里的柿子，还是四分五裂。小丫有点泄气了："哎呀，如果这个柿子像石头一样硬就不会摔破了！"小米说："你傻呀！像石头一样硬，那砸下来柿子没破，盆子就破啦！"跟着他吸吸鼻子："再说，硬硬的柿子就是没熟，没熟的柿子打下来有什么用呢？我们再想个办法，反正今天一定要把树上的红柿子全部弄下来！"

于是，两个小家伙在家里翻箱倒柜，像在寻找什么宝贝似的。过了一会，小米竟然找来一个铁环，他把铁环固定在竹竿顶上，然后又叫小丫拿来舀金鱼的丝网，把丝网紧紧地缠在铁环上。我和姐姐看了，是丈二和尚——摸不着头脑，这又是想的什么歪招？

没想到他们这招还真的歪打正着！只见小米搬来一个凳子，他站在凳子上，手举竹竿，用丝网对准柿子用力一顶，柿子恰好落在他的丝网之中，然后他稳稳地把竹竿放下来，小丫欢天喜地跑过去把丝网中的柿子拿出来……这样也达到了我的要求：既保证了自己的安全，柿子又完好无损。

两个孩子得意洋洋地摘了一个又一个，我也一遍又一遍地夸他们，不服不行呀！最后，他们把树上的柿子全部摘下来了，数一数，一共22个。

两个孩子累得满头大汗，却不舍得吃掉一个。他们俩把火红火红的柿子整整齐齐地放在桌子上，围着这些胜利的果实看啊、笑啊、说啊，细细回味每一个柿子收获的过程。这些柿子就像一枚枚鲜艳的勋章，虽然摆在桌子上，却挂在了他们的心里……

得给孩子们一个意外的奖励！我找了个理由出去，回来就大呼小叫说：

"好消息！好消息！有人要买你们的柿子，1元一个，卖不卖？"两个孩子欢呼雀跃起来，经过商量他们决定，卖一半留一半。我拿出11元，一手交钱一手交货。他们还真是公平，当着我的面每人分了5元5角，不用说，两兄妹是皆大欢喜。

后来，我把买的柿子送给了王奶奶；再后来，我们把留下的柿子都吃光了；最后，小丫和小米的钱也用完了……似乎一切都没留痕迹。

但我相信这次的"心动不如行动"一定在他们幼小的心里定格成一幅美好的画面——枝头，柿子红得让人心动；树下，孩子欢天喜地地行动。这幅画面让他们明白：一张无论多么精确的地图，也不可能带着人在地面上移动半步；当自己有了想法就要立刻行动，只有敢想，只有勇做，才能获取成功。

等一会儿再生气

宽容是一种美德，忍让是一种胸怀，宽容和忍让是人与人之间和谐相处的基本准则。不懂得宽容忍让的孩子在家中必然要引起矛盾和冲突；在外面也会惹是生非，给家庭带来不安定的因素；甚至不管走到哪里，家长都时时刻刻为其担心。由此可见，宽容和忍让也应该成为孩子"走向100"的路途中必不可少的一种修养……

一直以为，聪明伶俐的小丫是不会给我惹祸的。没想到刚升入三年级，她就自毁形象，让我这个做妈妈的颜面扫净。事情就起源于她的姓，小丫姓侯，班上无事生非的男生就给她取绰号"猴三"。猴三就猴三呗，人家孙猴子还是无所不能的神仙呢，虾兵虾将们不也"猴头猴头"地叫嘛？没得到我的同情，她狠狠地跺脚："哼，我不管，谁叫我猴三我就跟他没完！"

我以为她只是说说而已，没想到她来真格的啦！第二天中午，串串的妈妈就打电话找我，说小丫把串串的课堂作业撕了，串串这会儿正在家哭哭啼啼，扬言要撕小丫的课堂作业，以解心头之恨……

我的头立马变大，平时小丫没闹过这么大的动静啊！我一把将她扯到客厅，她丝毫不认错，反而怒气冲冲地说："撕了活该！我只撕了一张，全部撕完才好！"这还了得？课堂作业是巩固学习的重中之重，怎么能说撕就撕呢？况且还是有意的破坏行为，绝对是不可原谅！

她抽抽搭搭地说："我也不想撕他的作业本，可是他下课一个劲儿地叫猴三、猴三……"

"他也没叫你，人家叫猴三，你管得着吗？"我知道她有爱管闲事的毛病。

小丫余怒难消："本来就是叫我，班上只有我一个人姓侯，不叫我叫谁啊？他一叫猴三，全班人都看着我笑……气死我了！"

我一向主张有问题时先从自己身上找原因，现在却一时语塞……小丫错在哪里呢？难道是姓错了？不对，虽说串串不该给小丫起绰号，但是小丫也错在不够忍让，太过冲动！为了让她记住教训，我罚她把"理智"抄了50遍，并送她上学，看着她给串串道了歉，看着她把他的作业本粘好……

晚上放学，我在对面小巷买面条，意外地碰到小丫，她举着一根小竹竿，跑得气喘吁吁。

我大吃一惊："你怎么跑到这儿来啦？"

她一边喘气一边说："我在追串串！中午我给他道歉了他就得意了，晚上放学就挑战我的极限，跟在我的屁股后面直叫猴三……我今天不打他一棍子就不姓侯……"

这个串串，也是个惹祸的孩子啊！看她气得满脸通红，我只能让她先消消气。我接过她手里的竹竿，故意装作怒火中烧："这个串串真是讨厌！妈妈跟你一起去找他！"

有大人撑腰，小丫松了一口气："真的？妈妈，我跟同学闹矛盾你从来都不维护我，这次你知道我是对的吧？他这人太可恶，走，我们现在就去追他！"她夺过我手中的竹竿又要跑，我拉住她："等一会儿，我们先把你的书包和我买的面条送回家，然后轻装前进！"

小丫为难地说："可是等一会儿他都跑得没影子了！"我装作恶狠狠地说："跑得了和尚跑不了庙，他晚上无论如何也要回家的！"小丫觉得言之有理，就跟着我走。在路上，我买奶茶她不喝，我买烧饼她也不吃，嘟着嘴，气鼓鼓的。

回到家把书包一放好，小丫就催我走："妈妈，快点！我们去追串串，这个仇非报不可！"我倒了一杯热水："等一会儿，妈妈渴了，喝了这杯水就去帮你出气！来，你先看看电视，歇会儿，等一会儿跑起来有劲啊！"小丫赌气地说："我不看，你快点！"不管她愿不愿意看，我把电视扭到她喜欢的少儿频道。

等我一杯热水喝完，发现小丫的脸不那么红了，呼吸也不那么急促了，眼睛还不时地瞥瞥电视。但她依然惦记着"报仇"的事，用竹竿有一下无一下地敲打着地面："妈妈，现在我们可以走了吗？"我说："再等一会儿，等天黑串串回家了，我们就去瓮中捉鳖。现在追他就是满世界里找，我们傻啊？"

小丫坐了下来："哼，我不傻，满世界找他还不如我看看电视呢！"我也随声附和："哼，小丫的妈妈也不傻，满世界找他还不如我把晚饭做好呢！"于是，看电视的看电视，做晚饭的做晚饭，家里好像已经找不到生气的理由。忙活好了，我试探地对小丫说："不如再等一会儿，饭菜都是热的，吃了再去……"小丫看着香喷喷的饭菜，不点头也不摇头。我连忙找台阶给她下：

第六章　养成习惯——走向100

131

"来来来，就算给妈妈一个面子，多少吃点！"小丫终于慢吞吞地拿起筷子，细嚼慢咽起来……

饭后，小丫根本不提去找串串的事。我故意坏笑："想象一下，黑灯瞎火的，一个小女生举着竹竿追打一个小男生……"小丫捂着脸笑："哎呀，别说啦！好无聊哦！"第二天，小丫向我汇报："妈妈，昨晚我放了串串一马，今天他就不喊我的绰号啦，还送给我一根好看的羽毛，真奇怪！"我笑着说："一点也不奇怪，这就是宽容的魅力。""宽容？"小丫若有所思地点点头，也笑了。

我的孩子终于明白：能够容忍别人的错误，宽容他人，同样可以获得信任和支持，同样可以得到别人的友善相待。待人应宽容大度，做事要忍让为先，这样做人才会顺利，做事才能成功。那么，怎样让孩子养成宽容别人的习惯呢？当孩子的不良情绪即将爆发时，家长只需要在他耳边轻轻地说："等一会儿，再等一会儿！"在气头上等一会儿再说话，等到心平气和时，你会觉得：其实不值得生气。在气头上等一会儿再行动，等到气定神闲时，你会觉得一切都已云淡风轻。

吃出来的幸福

饮食对智力有影响吗？答案是肯定的。均衡的营养，可以提供身体发育需要的养分，使孩子精力充沛，活动能力增强，从而刺激大脑，使孩子聪明。饮食对健康有影响吗？答案是绝对的。均衡的营养可以保存体力，让孩子进行各种活动，进而加强锻炼，使孩子变得更强壮。那什么样的饮食才算科学？什么样的营养能叫均衡？最基本的检验标准就是孩子不挑食不偏食。只要我们用科学的态度和方法，帮助孩子养成良好的饮食习惯，孩子就能用健康的身体迎接"走向100"道路上的各种挑战……

不知从什么时候起，小米开始不喜欢吃青菜，只喜欢吃肉了。他特别喜欢吃瘦肉，一顿没有瘦肉，他就咽不下饭；而十天没见一根青菜，他照样吃嘛嘛香。他不以为耻，反以为荣，自诩为肉食动物。

为了纠正这个偏食的坏毛病，我和姐姐都很伤神。因为我们两家住得近，十天有八九天一起吃住。虽然我的厨艺跟不上姐姐，但做饭这样的辛苦事我也是经常抢着干的。可往往是出力不讨好，我做的荤菜可以被吃得颗粒不剩，可素菜小米闻都不闻，只有小丫象征性地挑几筷子。所以我每次做饭面对小米总抱有惶恐之心。

就这样，小米一天天长大，十岁了，个头在班里还属矮人部落，虽然脸盘子生得俊朗，但身子却单薄，就像一根豆芽菜。小丫嘿嘿地笑："妈妈，你怎么知道哥哥的外号叫豆芽菜？他最讨厌班里的同学叫他豆芽菜……"小米愤愤不平地说："你见过我这么粗的豆芽菜吗？比喻不恰当！"

不管恰当不恰当，纠正小米的饮食习惯已经迫在眉睫，姐姐采取粗暴的态度强迫他进食，不管小米乐意不乐意，往他碗里夹几筷子青菜，不吃完不准放碗。可是小米常常是嚼碎了含在嘴里却吞不下去，结果是无可奈何地呕吐……

小米的问题没有解决，小丫也有了问题。虽然小丫不偏食，没有特别的饮食嗜好，我却发现小丫有点挑食，尤其厌恶胡萝卜。羊肉炖胡萝卜，瘦肉炒胡萝卜丝，我以为胡萝卜有了肉味，喜肉的小米就会吭进胡萝卜素，而小丫也会吃得稀里糊涂。可是我错误地估计了形势，两个孩子都是一副"拒腐蚀永不沾"的倔强模样，真是枉费我一片苦心。

怎么办呢？闲得无聊，我就把胡萝卜切成圆片，圆片周围切成锯齿形状，加上几块红辣椒丁丁，再放一点点葱花，清炒一盘胡萝卜。反正孩子们不喜欢吃，倒了也是浪费，不如清炒了我们大人吃。

没想到刚端上桌，小丫就惊呼："哇！好漂亮！妈妈，这是什么菜？"我信口胡诌："葱雕萝卜花！"小丫迫不及待地拿起筷子吃了一口，夸张地直吐舌头："香，真香！"姐姐也夸我炒的胡萝卜是色香味俱全，小米禁不住诱惑了，他犹豫片刻，也举起筷子破天荒地尝了一小块，竟没吐出来。这种表现对我真是一种鼓励，这说明做饭做菜不仅要注意营养丰富，也要注意外形美观新颖，能刺激孩子的食欲，让孩子一看就想吃。

有了这次的成功经验，接下来解决饮食问题就顺手多了。每次切菜我总是打破常规，别出心裁地切点花样，让孩子有新鲜感。比如把四季豆切成丝，把土豆片切成三角形，把茄子切成方块形，每一种蔬菜起码都让孩子感到新奇，小米和小丫最低限度也要尝一尝，如果合他们的胃口，就多吃几口甚至吃个精光也有可能，实际上桌子上摆的都是司空见惯的普通菜肴。

最妙的还是把苦瓜切成圆圈圈，方法就是把苦瓜拦腰切断，把籽挖出来，不用拍破苦瓜，就这样一圈一圈地切，加一点白色的葱瓣爆炒，装在盘子里白得诱人，绿得泛青，不说吃，就是看一眼也神清气爽。也许你会认为我的这种方法很拙劣，但妙的是两个小孩子都尝试着吃苦瓜，一边吃一边开心地比试苦瓜圆圈圈的大小……

有一次，我还给他们捏了菠菜丸子呢！因为两个孩子都不喜欢吃菠菜，觉得菠菜有一种淡淡的、涩涩的味道。可菠菜是一种补脑蔬菜，我当然不能放过这份营养。但是菠菜这样的叶子菜，我实在想不出该切成什么独特的花样。想来想去，我把菠菜剁碎加糯米面揉成丸子，结果小米和小丫一口一个，根本还没吃出味儿，菠菜就已经完成了使命，嘿嘿，这就是传说中的忽悠！

至于后来，小丫怕长成胖妞拒绝吃肥肉的事，解决起来简直是不露痕迹。偶尔把肥肉剁成碎末末炒在鸡蛋饭里，吃肉不见肉，小丫吃得满嘴流油，但就是找不到我的岔。每隔十天半个月，她都要念叨一次"肉蛋蛋炒饭"呢。有时候还跟我撒娇："妈妈，只要你把菜切成稀奇古怪的样子，我就大口大口地吃饭！"虽然带点要挟的意思，但我揣摩：孩子不仅希望味道鲜美，还希望花样丰富。对饭桌上的向往越来越多，对食物的要求越来越高，不也是孩子成熟的具体表现吗？

不仅仅是菜肴本身，我觉得餐具也很重要，在改变挑食偏食的坏毛病时也能起到一定的作用。比如买树叶形状的盘子装青菜，买四四方方的盘子装腊肉，买簸箕模样的盘子装凉菜等，这一切花不了多少钱，只要花点心思就行。看到孩子们彻底不挑食了，每顿饭都吃得有滋有味，我觉得空气中都弥漫着幸福。

谁说厨房交响乐就不是华章？我们在厨房里花点心思，为孩子的饮食耗点气力，对孩子的体格用点智慧，那孩子的健康成长就不是梦。当孩子拥有好身体，他才有好好学习的本钱，才有走向成功的底气。谈及孩子未来的辉煌，我们就可以大大方方地说：一切皆有可能。

从一根葱开始

从小培养孩子勤俭节约的习惯是非常必要的。因为节俭不仅是一种美德,还是一种理财的能力。在生活水平日益提高的今天,有的家长却认为:现在不是困难时期了,不能再让孩子吃自己吃过的苦,因此宁可节衣缩食,也要满足孩子的要求。可是父母应该清楚地认识到,不管是困难时期,还是物质丰富时期,节俭都是一种高尚的品质。我们要教导孩子从现在做起,从身边小事做起,从节约一度电、一滴水、一张纸、一粒米入手,把节约落到实处。多年以后你会发现,在童年时期播撒的这粒节俭种子已经蔚然成林,成为孩子"走向100"途中一道亮丽的风景线……

中午小丫一进门就叫:"妈妈,我捡了一个好东西送给你!"什么东西?通常情况下她捡到东西,不是找失主就是交公,带回来送给妈妈,有点反常。当当当当当,她喜气洋洋地亮出她的好东西:原来是一根葱!

她说:"我走在路上发现地上掉了一根葱,捡起来就追,肯定是前面那个买菜叔叔丢的。可我追上去,那位叔叔却哈哈大笑说他不要了。哼,不要就不要,我带回来给我妈妈当佐料!"我哑然失笑,小米在旁边冷嘲热讽:"哎哟,笑死我!一根葱还捡回来,真是少先队员!走出去可不要说你是我妹妹哦……"

小丫有点窘,满含期待地看着我。我不忍打击孩子的热情,高度赞扬:"小丫做得对,中午炒鸡蛋正差一根葱呢!不要小看这根葱,没有它炒鸡蛋就差一点味,没有它我还要跑一趟菜场;幸亏小丫懂得节约,帮妈妈省去了大麻烦!"小丫高兴了,宝贝似的捧着这根葱,帮我洗帮我切,觉得这顿饭自己立了大功。

吃饭的时候,我就事论事,讲了讲节约的重要性。小丫读一年级,小米读三年级,按书上说,成长阶段在生活中进行随机教育更有效。我发自内心地感叹说:"今年农业减产,样样涨价,米也涨价了,原来是1元2角一斤,现在涨到1元5角了。所以你们要节约粮食,吃多少添多少,最好把碗里的饭吃完!"

小米吃完后像没事人儿一样出去玩了，小丫吃完后却躲到我的身后："妈妈，有个礼物送给你！"她亮出自己的碗，天啦，碗底干干净净没留一粒饭！我亲亲她的额头，又围绕节约的主题，把她大大赞美了一通。

小丫神秘兮兮地说："你知道我的碗底为什么这么干净吗？"小丫一伸舌头："我吃完后又用舌头舔了一遍！"我笑了，不是笑孩子的幼稚，也不是笑孩子的荒唐，而是笑这件微不足道的小事，已经在孩子心里埋下了勤俭节约的种子。

后来，我经常发现她的文具盒里有铅笔头，我给她买的新铅笔用得这么快吗？小丫道出其中玄机："妈妈，你不是说要节约吗？我看到同学们扔铅笔头，觉得可惜，就要回来装在文具盒里，用它们写字，就可以节约我的新铅笔。"这又是一个节约的好素材，但我也不能让她变成吝啬的"守财奴"啊！我说该用的时候还是要用，铅笔头太短，经常用这个写字，影响写字速度……她苦恼地说："哪有经常？我的铅笔头还不够用呢！班里谁没笔我就送一支，有时候根本不够送。他们也是的，不是忘带笔就是笔芯断了，我怎么节约都不够！"

我发现这个时候的小丫相当可爱。她已经在无意识中超越了"节约归己"的概念，难道我这个妈妈不应该向她学习吗？我把家里那袋长虫子的大米提出来，当着小丫的面左右为难："吃吧，长虫子了；倒掉吧，怪可惜。你说，怎么办呢？"三分钟过去了，她还没给出一个合适的答案，我得来点暗示："如果我们家喂有几只鸡就好了，母鸡小鸡都爱吃这种长虫子的米。"

小丫茅塞顿开："奶奶家不是喂有鸡吗？公鸡、母鸡、小鸡，好大一家子！我们下次回家带给奶奶吧！"不用说，那袋米从百里之外的县城带回去，又得到了奶奶的一顿夸奖。奶奶每次送鸡蛋来，都夸是小丫喂鸡有功，小丫脸上笑眯眯，心里甜蜜蜜，那份节约带来的自豪感溢于言表。

更让我意想不到的是，才学会写"节约"两个字的小丫，竟然攒有"私房钱"。我一直觉得八岁的小丫是个没心没肺的小天真，况且她的那点零用钱是非常非常的有限。今天她做出的一个英雄壮举，足以让我感动满怀。

因为家里买了分期付款的大货车，每到月底就会因为还账而差钱。我忧郁地对姐姐说："发完老师的工资，我手里就只剩30元了。"姐姐掏出100元："这是我最后的家当，给你用两天吧！"

小丫听完我们的话，拎出她的小布袋："妈妈，这是我攒的零用钱，都给你！"

为什么呢?

小丫用了一个词:"因为我们是一家人,要同甘共苦!"

姐姐感动了,想把这些毛票子点数一下,以便教育小米。

小丫手一挥:"不用数,一共是9元8角。我每天都在数,我想攒够十块钱,跟妈妈换一张10元的大钞……"我接过她攒的零花钱,难过得想哭。但我最终还是笑了,我没要姐姐的百元大钞,而是精打细算,无限夸大这9元8角的作用,和小丫度过了我们最节约、最有意义的一个星期……

从一根葱到一碗饭,从一袋米到一笔零钱,小丫已经脚踏实地地把"节约"二字落到了实处。那么等到年岁见长,她真正明白勤俭节约的实际意义,还愁她的消费标准、理财意识、投资理念,不会紧跟时代吗?还愁她的人生没有丰厚的物质基础吗?当下,我要做的就是既要强化孩子的节约意识,又要帮助孩子积累一点节约经验、手段和方法,让节约成为孩子的自觉行为。

粗心是一种病

孩子粗心，父母头疼，老师头疼，连心理学家也头疼。孩子为什么会粗心呢？孩子粗心的因素是多方面的，态度问题、性格问题、习惯问题抑或是熟练程度问题，还有考试焦虑问题。不管是哪一种因素，粗心孩子的突出特点就是动作快，脑子慢。在做事之前一般不会耐心细致地观察和思考，做完之后就漏洞百出。虽然这种情况随着孩子认知能力的提高会有所改善，但对那些已经形成粗心习惯的孩子来说，如果家长不指导、不帮助他们形成新的思维和行为的模式，不要说巩固学习效果，提高学习成绩，还有可能当一辈子的"马大哈"呢。所以，帮助孩子改正粗心的毛病，培养认真细心的好习惯，是孩子"走向100"中防止犯错的一支预防针……

别看小丫平时精灵鬼怪的，其实她也是个小马虎。这种马虎、这份粗心，在三年级以前尤为突出。

有一次我们俩在老家的候车室等班车，她为了表现自己的认字才华，对着墙上的路线图大声朗读："包板村20里，陈中村50里……"嗯？我在老家生活了二十年，咋没听说过有这两个村呢？抬头一看，笑掉大牙：原来她把"包畈"念成"包板"，把"郢中"看作"陈中"。我让她再认一遍，这回她睁大眼睛认准了，可是读到最后一行："为了旅客，我们要乐于奉献。"她竟然情绪饱满地读成："为了旅客，我们要乐于棒献！"偏偏此刻候车室里安安静静，偏偏乡亲们都听得清清楚楚，唉！她这一"棒献"把我已为人师的那点自豪给"棒"没了，在善意的哄笑中，我扯着小丫的胳膊匆匆忙忙地上了车……

还有更可笑的呢。语文书上的"精卫填海"，她无可救药地读成"精卫镇海"，我立马纠正，她竟然还有眼不识泰山："这不是我们老家张集镇的镇吗？"我只好免费又给她讲一遍《精卫填海》的神话，她这才若有所思地表示理解。

如果认错书本上的字尚可原谅，那叫错生活中的人名呢？我的文友马自云，大名鼎鼎的本土作家，她大言不惭地念成"马白云"；写春节值班表时，

第六章 养成习惯——走向100

她积极地给我帮忙,把我同事"李小般"写成"李小船"……通常这个时候,我都是痛心疾首地发出警告,不许误认伟大的汉字。可她依然故我,漫不经心。

认字粗心,数学也粗心。小丫学会算四位数的加法,可得意啦!晚上就在我面前强势出演:"妈妈,你出道题我算算,不管你出什么样的题目,我保证都会算!"我出了一道题:4232+2768=?,她很快算出来了,得意洋洋地把竖式答案递给我:16900。我气坏了,该进位不进位,没有1却写个1,真是粗心大王!我哭笑不得:"明明等于7000,你却等于16900,怎么这么粗心?如果长大了让你去算账,那可就惨了!"可她却哈哈大笑,不以为然。

她这态度可不行,说明她对粗心的危害认识不足,再这样不疼不痒地批评,说不定她就会成为一个真正的"马大哈",我决定采取行动。

首先我写了一篇文章《女儿是马虎小姐》,发表在小丫学校的校报上,她气得不行:"妈妈,你要给我名誉损失费,全校都知道我粗心的毛病了!"我开玩笑地说,如果你还不改正,我就接着写《追踪马虎小姐》,绝对保证故事的真实性。小丫虽然有点怕自己的缺点暴露在大庭广众之下,但她不是唬大的,只是冷冷一笑。

不过终于发生了一件让她对粗心深恶痛绝的事情!这次,小丫要参加全校的书法比赛,为了这次比赛,老师呕心沥血,小丫也是全力以赴。这一首《春晓》的古诗不知练了多少遍,才经过老师的同意抄写在宣纸上。抄写的时候,她特意把我支开,关上门一个人静静完成。

我知道小丫的毛笔字写得不赖,也知道她这次是铁了心要得奖的。果然,在她花了整整半天时间精描细写之后,我才有幸看到她的墨宝真迹,果然写得好,间架结构、大小排列、笔锋走势,在小学三年级的学生中绝对是佼佼者。

可是,我左看右看,就是觉得有点刺眼,哦!原来她在《春晓》的"晓"字上无缘无故地加了一点。我指出来后小丫大吃一惊,后悔不迭地打自己的手:"哎呀,怎么这么粗心?怎么办?怎么办?"能怎么办?擦了有污渍,不擦不合格,只能从头再来!她流着泪连夜返工,这幅书法作品让小丫付出的辛苦可想而知,最遗憾的是第二幅怎么也找不到第一幅的感觉,最终只得了个三等奖……

这次深刻的教训让小丫的粗心习惯改变许多,她彻底明白了:认真意味着节省更多的时间和劳动。我也看清楚这一点,不失时机地给她订立条约,只要粗心，就进行适当的惩罚，或加时间或加劳动。

在这些大大小小的惩罚中，小丫终于懂得粗心根本就是在变相地惩罚自己。我对小丫说，粗心是一种病，不治它就会在你的身上生根。小丫默默地认同了这一说法。四年级以后，她基本上就属于那种学习细心的优生了。

孩子粗心不可怕，怕的是家长没耐心。当父母发现孩子因粗心而犯错误时，应该及时要求他改正，耐心地去纠正孩子原有的错误。孩子粗心也不可恨，可恨的是家长不够细心。其实孩子有过失的时候，恰好是教育的良机，因为内疚和不安使他急于求助，而此时明白的道理可能会更刻骨铭心。如果每一个父母在孩子粗心时，都能够拿出自己的耐心和细心，抓住契机，用行之有效的办法来治疗孩子的粗心，还怕治不好粗心这个毛病？

计划，赶得上变化

做事有计划，才能保持有张有弛的生活节奏；有计划做事，才能高效完成轻重缓急的工作目标。对于孩子来说，养成做事有计划的习惯非常重要。试想，如果一个人做事没有条理，那么，他就不能够很好地安排自己的生活；一个人连自己的生活都不能够很好地安排，又怎么很好地进行学习和工作呢？在走向成功的道路上，一个做事没有条理、没有计划的孩子可能会走得轻松吗？答案是否定的。虽然，培养孩子做事有计划，不是一朝一夕的事；教育孩子做事有条理，需要持久的耐心和恒心，但对于期望孩子"走向100"的家长来说，种种困难又算得了什么呢……

小丫有点粗心有点急躁，所以常常手忙脚乱。

就说前天早上吧！她起床不紧不慢地吃了早餐，收拾书包，穿戴整齐，正准备下楼，忽然想起语文试卷需要家长签字。小丫忙不迭地打开书包，却怎么也找不到试卷。小丫慌了神，老师说过，不签字不能进教室。她倒好，不仅没签字，试卷也不翼而飞了。我看她急得要哭，就好心地提醒她："昨天晚上你不是到阳台上背过书吗？说不定落在阳台上……"小丫似乎看到希望，急急忙忙跑到阳台上，没有，没有试卷！奇了怪了，试卷长翅膀飞了？

我也跟着着急，帮她把床上床下、窗里窗外看一遍，然后又把衣柜也翻了，还是没看见试卷。会不会在别的包包里？我把小丫所有的包包抖出来，空空如也。这两天没扫地没倒垃圾，连小米也没来过呀……

眼看离上课只有10分钟了，我果断地一挥手："算了，快去上个厕所，然后我们就直接去学校，免得既没试卷又迟到！"小丫一进卫生间，就惊喜地叫起来："妈妈，找到了！"原来她昨晚上厕所，顺手放在卫生间的小凳子上了……

诸如此类的事不胜枚举，比如早上起床床前歪着一只拖鞋，一番大呼小叫地推测之后，却意外地发现另一只拖鞋正委屈地躺在床角；准备梳头扎辫子，发圈却不知弹到了何方；甚至有时刷完牙才看清楚，原来拿的是爸爸的牙刷，她忘了把自己的牙刷和爸爸的牙刷分开放……

虽然做事缺乏条理、没有计划是儿童时期的一种自然现象，但每次出现这种手忙脚乱的混乱场面，我还是会严重警告，希望她以后在这个方面多多注意，养成良好的收拾习惯。可小丫左耳朵进右耳朵出，她觉得这是小事一桩：横放竖放都是放在家里，东找西找也是闷在自个儿屋里找，没多大关系的。

但她没想到因为做事没条理，在颇有规律的学校生活中也会出丑，而且还是当着全校师生的面。

三年级的小丫不是已经当上了学校的旗手吗？星期一早上，照例该小丫这组升国旗。他们规规矩矩地站在大柱子后面，等候听令。旗手小丫站在中间，护旗手阿枫、曾明站在两旁。广播里传来庄严的声音："第一项：出旗！"小丫从容不迫地向柱子后面一伸手，呀，没有看到国旗！以往每次升旗国旗就准备在此，今天怎么出了意外？宽阔的操场上全体师生鸦雀无声，神情肃穆地注视着旗台。

小丫他们三个孩子躲在大柱子后面，急得又蹦又跳。阿枫急得一边喊一边蹦："喂，红旗呢？红旗呢？"曾明呢，不停地搓着两手，眉毛皱得一高一低，一边叹气一边张望："唉，红旗呢？红旗呢？"作为旗手的小丫比他们更急，只差要哭，她恨自己为什么不提前把国旗准备好？为什么不跟以往一样把国旗放在原位？忽然她想起星期五晚上接国旗的时候，顺手放在三楼政教处的门背后了。

时间就是荣誉，小丫飞奔上楼，跑得气喘吁吁，可是政教处的门被老师锁上了。她俯身往操场上一看，操场上已经有了小小的骚动，老师们交头接耳，同学们也指指点点。此刻的小丫别无选择，只好红着脸，硬着头皮向班主任求援。当她扛好国旗，广播里才又一次重播："第一项：出旗！"

小丫放学一回来就惭愧地对我说道："妈妈，老师都说我品学兼优，没想到我会丢三落四，今天真是出了超级大洋相！"我对她说，这种缺点的根源就在于做事没计划、没安排，所以杂乱无章、忙而无序！"妈妈，你就教我做事有计划吧！"看着小丫一脸诚恳，我才发现一次实际经历敌得过我的万千理论。

那我们就从实际开始吧！星期日我带小丫上街，把平时家用必备而总是忘记了的东西一并购回。小丫举手赞成，在爱劳动这个方面她一直表现良好。

可这么多小东西，我担心自己记不住，乞求地望着小丫："能不能帮妈妈写个纸条？把要买的东西按照一二三四五的顺序排好，不会写的字注拼音……"

小丫骄傲地说:"我不仅会注拼音,我还会画画呢!我把你要买的东西分别画上图,不就更清楚了吗?"

我说她记,于是就有了她人生中第一张条理分明的购物单。

小丫煞有其事:"这样才能更有条理,按我编的顺序先买什么,后买什么,一清二楚……"

看她毫厘不差地帮我"点货",我知道她已经明白了什么叫"计划"。

这次高效的愉快购物经历说明:只要有整体计划,即使局部有变化,也依然能稳住局势,遇乱不慌。我们要想让孩子适应"计划,赶得上变化"的新观点,就必须有的放矢地培养孩子有计划做事、不能着急的好习惯。让孩子逐步养成先计划后做事的习惯后,孩子也就在无形中形成了有条不紊的做事规律,不再盲目,不再慌乱。

为自己赚时间

第六章　养成习惯——走向100

为什么有的家长花大量时间辅导孩子学习，孩子的成绩却仍然不尽人意？为什么同样一件事，有的孩子能高效完成，有的孩子却拖拖拉拉？说到底，就是没有养成良好的时间观念。不善于利用时间，不会合理安排时间，不懂得要效率，这些都是不珍惜时间的表现。一个不珍惜时间的孩子，往往缺少自我控制的能力，缺乏不断前进的动力。如果父母帮助孩子在儿童时代就养成良好的时间观念，就等于给了孩子知识、力量和美好的开端。当孩子养成珍惜时间的好习惯时，"走向100"就比别人多了几倍成功的几率……

时间是什么？这个问题姐姐给小米讲了N遍，小米也不知所云。说时间就是金钱，有点俗气；说时间就是生命，太过玄乎。这种不知轻重的反驳出自小米之口，就可以反映出小米对待时间的态度。小米把这种态度实践在学习生活中，也让姐姐伤透了脑筋。

首先是在学习上拖拖拉拉，每天晚上的家庭作业磨磨蹭蹭，直到姐姐把晚饭端上桌子，他才匆匆忙忙地赶着写，其作业质量可想而知。如果作业多还情有可原，关键是作业少他也做得慢；如果是字写得好还有个由头，遗憾的是"草字不合格、神仙认不得"！小米的这种状况我也是看在眼里、急在心上。

就说今天晚上吧！两个小时过去了，小米还趴在桌子上写作业。我想不通：四年级的学生，才一个晚上，老师不至于布置两个小时的作业量啊！更想不通的是，听姐姐的安排，我就一直坐在客厅里看书，没看见他玩啊！连东张西望、自言自语都不曾有过。姐姐不准小米向我请教，怕耽误时间；也不准我和小米说话，怕小米分心。姐姐的本意是要创造一切条件为小米节约时间，看他为什么作业老是做得慢。至于作业的正误暂不考虑，全部做完之后再一题题检查。这样做，目的就是看小米能不能创造一个"完成作业快之最"。

聪明的小米当然知道我是他妈妈派来的眼线，在做作业过程中表现良好。可是，过程良好不等于结果良好。两个小时过去了，他究竟完成了多少作业？我要他报出作业清单，他翻出专门记录作业的小本子——数学：没作业；语文：背诵24课，预习25课，并把生字一个抄10遍，做第三单元复习卷一张。可他现在才刚刚开始抄生字，那张卷子动都没动。

不用说姐姐，我都有点急火攻心："小米，你为什么不先做卷子？才放学精神好，更有利于动手动脑啊！背书不是你的强项，你却花大量的时间先背书……"

小米有点委屈："我这不是按老师的要求做吗？一项一项地来，我哪儿错啦？要怪就怪老师作业布置得太多！"我告诉他，要学会珍惜时间，就必须合理安排做事情的顺序，分清主次，先易后难。

我重新给他理了一个顺序：先预习，再做卷子，然后抄写，最后背诵。我语重心长地对他说："前三项一个小时轻松搞定吧？最后只有背书一项了，心理压力小背得也快吧？万一背不熟，明天一早还可以重温啊！不至于像今晚这样，作业折腾了两个小时还没做完，吃不能吃，睡不能睡，一家人跟着你着急……"

小米有所触动，似乎接受了"合理安排时间也是珍惜时间"这一说法。因为从这以后，每天的家庭作业他都要问一问，先做什么，后做什么，从中体会合理安排、节约时间的乐趣。

可是，才坚持一个月我发现小米又开始磨蹭了。具体表现为作业多的时候他完成得又好又快；而作业少的时候，他却拖拖拉拉，完成作业需要的时间跟作业多的时候基本一样。通过观察，我发现他总是做一会儿玩一会儿，而且玩得不显山不露水。

有时，他眼里看着本子，嘴里窃窃私语，手里却只字未动。姐姐好心好意提醒他注意时间，他却一翻白眼："知道！我在复习背书呢！"小丫勇敢地揭发："才不是呢！哥哥在念游戏口诀！"

有时，他双手托腮望着窗外，神情特别专注。我敲敲桌子，示意他赶快写作业。他撇撇嘴挺不服气："我没玩，没看见我正在思考吗？"哼，他这点雕虫小技还瞒得过我？我早就发现窗外的院子里，有两个小孩在拍皮球。

可是，他为什么要磨蹭呢？我苦口婆心地告诉小米，他磨蹭的可是他自己的时间啊！可小米竟然告诉我，他在珍惜自己的时间。我瞠目结舌，小米却振振有词："因为每次作业少的时候，我很快做完，妈妈就会布置新的作业，还不如一边做一边玩。如果刚好到吃晚饭的时候，我把作业全部完成，那妈妈既不会批评我，又没机会布置作业啦……"

我不得不赞叹小米的智商，可这样下去不珍惜时间的坏毛病又要卷土重来。我把小米的心思泄露给姐姐，姐姐幡然醒悟："难怪他好长时间都没有提前完成作业了！原来在动歪脑筋呢！以后再怎么样，我都要给他留点玩的时间……"

由于完成作业之余的时间可以归自己支配，小米的心情特别好，积极性高，学习的效率也越来越高。因为效率高，为了奖励小米，姐姐额外给小米加的作业越来越少。在这个良性循环中，小米彻彻底底告别拖拉的坏习惯，学习做事都风风火火，总是想办法珍惜时间、节省时间，然后在属于自己的时间里做自己想做的事。

对于小学生来说，我们不需要把"珍惜时间"变成一个深奥的话题。我们只要教育孩子从利用的角度树立时间观念，从享用的动机认识时间价值，告诉孩子时间是一种特殊的稀有资源，无从贮存，无法替代，更无力购买，只有靠自己的智慧去珍惜、去赢得，才能为自己赚到时间！

听，比说更重要

作为家长，谁不希望自己的孩子听话懂事？听话才能懂事，充分说明了倾听的重要性。小学阶段是养成"倾听"的良好习惯的最佳时刻，家长有必要让孩子知道，善于倾听是一种高雅的素养，是一种积极的沟通方式。听老师讲课，可以获得新知识，受到启发，不断提高自己；听同学发言，可以得到新信息，受到触动，不断调整自己；听父母说话，可以明白大道理，受到教育，不断完善自己。不仅是孩子，家长也应该掌握倾听的艺术。倾听孩子的心声，对孩子来说是在表示尊重，表达关心，促使他去认识、提升自己的能力。懂得倾听才善于与人交往，善于与人交往才能在和谐的社会关系中互相扶持着"走向100"……

和大多数小学生一样，小丫喜欢表现自己。课堂上，同学的发言还没结束，她就迫不及待地举手："我，我，我……"课堂外，伙伴的讨论才刚开始，她就迫不及待地打断："听我讲！听我讲……"在家里，有时我才说了半句话，她就想当然地接上了后半句。为此，我批评过她多次，可她就是不虚心接受。仗着自己聪明伶俐，她尽情享受着"说"的畅快，而忘记了"听"的玄妙。我暗暗祈祷：给女儿一个小小的教训吧，让她有所收敛。

哈哈，祈祷灵验啦！晚上小丫回家没有了平时的快乐，而是耷拉着耳朵，一个劲地唉声叹气。我笑着说："像你这样出类拔萃，像你这样伶牙俐齿，还会叹气呀？"小丫跺跺脚："妈妈，你就不要再挖苦我了，怪只怪我喜欢抢答！"小丫是肚子里装不了四两猪油的孩子，不等我套话，就三下五除二把件"出大丑"的事讲清楚了。

上午第一节是语文课，小丫的精神特别好，回答问题更是积极。前半节课，老师的提问几乎是小丫一个人承包了，而且准确率百分之百。老师表扬了几句后，小丫就忘乎所以了。后来只要老师一说题目，小丫想都没想就举手——她可没耐心听别人回答。

老师问："敌人的反义词？"

"好人！"小丫脱口而出。老师哈哈一笑，小丫知道自己错了。

这时有好几个同学准备发言，小丫哪里肯听别人说？她不管老师要不要她回答，就抢着纠正自己的答案："敌人的反义词是八路军！"

教室里哄堂大笑，老师也笑得直不起腰，小丫满面通红，不知道自己错在哪里。过了好久，老师才喘着气告诉她，"敌人"的反义词是"朋友"。老师严肃地说："作为成绩好的同学，不应该犯这样的低级错误。小丫之所以两次答错，是因为她只顾着抢先答题，根本没有认真思考老师的问题！"

我正想就这件事谈谈倾听的重要性，还没开口，又被小丫打断："妈妈，你说我咋这么倒霉？今天出了两个丑！"小丫"出丑"的故事我喜欢听，她就缺少挫折教育。我饶有兴致地说："说出来听听，还出了一个什么丑？"可能是我的原形暴露太快，小丫她迟疑了一下，嘟囔着："不是在老师面前出丑，而是在同学面前出丑！"

故事是这样的：中午有个男同学在教室里蹦来蹦去，看着他焦急不安的样子，小丫好心好意地问他："你怎么啦？"男同学翻出口袋说："我的钱不见了，谁能帮我找到——！"

小丫一听，二话没说就帮他找，翻抽屉找，没有；趴在桌子底下找，还是没有。小丫又到门背后找，硬币滚到这儿也是有可能的。最后，小丫索性蹲在地上，一双眼睛滴溜溜直转，像雷达一样绕着教室地上探测扫描。

就在这时，她听到男同学笑出了声。小丫站起来，莫名其妙地问："帮你找钱你笑什么？"男同学忍不住捧腹大笑，这笑声把同学们都引过来了，大家你一言我一语地猜测发生了什么事。

男同学清清嗓子："各位同学，我们的班长小丫同志中计了！其实我的钱是我到校门口买东西吃，被老师没收了！"小丫这才恍然大悟，围观的同学笑得一浪高过一浪。小丫红着脸想挽回面子："呸，你这个骗子！害得我帮你苦苦寻找！"男同学笑得更厉害了："我又没请你找！我的话还没说完，你自己就急急忙忙去找，怪谁啊？"

小丫不明白："你怎么没说完？"男同学得意洋洋："我本来准备说，我的钱不见了，谁能帮我找到——就是奇迹哦！"小丫无话可说，只能让他们嗤笑一顿。

小丫肠子都悔青了："妈妈，我一定记住你的话，以后再急也要听别人把话说完！"我语重心长地说："记住教训就好，你说，人为什么要长两只耳朵一张嘴？就是要你少说多听……对了，光听你讲故事，今天晚上的家庭

第六章　养成习惯——走向100

作业呢？"

小丫愣住了："家庭作业？没作业……"我厉声说："肯定是你没有专心听，不知道家庭作业吧？到底有没有？要不，我打个电话问问你老师！"

"唔，让我想一想！"小丫费力地皱起眉头，"好像，好像是听写生字！"我笑了，为这个小小的计谋而得意——小孩子最怕的就是家长跟老师联系。

听写完毕，我还是不放心，就这点作业吗？背着小丫偷偷打了个电话问老师，结果老师说因为下午开会，放学时没到教室布置作业……

我蒙了，靠着家长的思维惯性而妄加判断，我是一个专心的倾听者吗？经过再三考虑，我还是郑重地向小丫道了歉。看我狼狈不堪的样子，小丫于心不忍了："算了！妈妈，我原谅你，以后我们一起改正缺点吧！"

别说，不专心倾听还就是一个缺点。这个缺点既影响孩子的学习进步，又影响孩子与他人之间的沟通。有人说，要想拥有好的人际关系，就要学会倾听。倾听是了解别人，把握双方心理感受的最有效手段。而改正这个缺点非常简单，简单到只需要两个字：心静。

第七章　创新实践——走向100

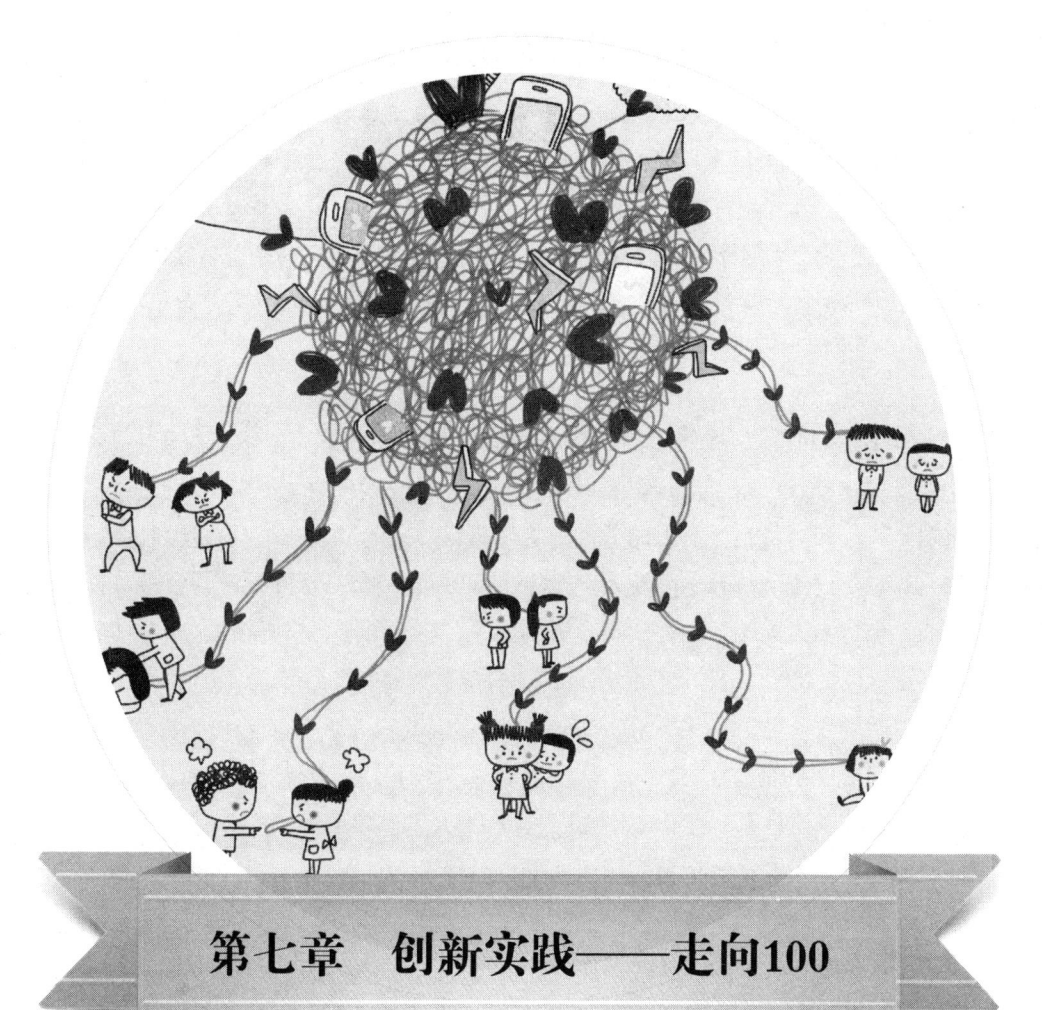

怎样激发孩子的创新精神？怎样培养孩子的实践能力？这是家长常谈不厌的话题，因为孩子的创新实践能力越强，长大之后取得成就的可能性就越大。不知道家长是否注意到，实际上孩子最初的创新实践，也许仅仅表现在一道题上。不同的孩子，解题速度是不同的；不同的孩子，解题方法和技巧也有很大差别。正所谓创新要精神，实践出真知……

让梦想开花

梦想是与生俱来的，千万别以为只有成人才有梦想。其实，大到神秘宇宙小到一粒微尘，都可能与孩子的梦想有关。诸如学习梦想、生活梦想、未来的工作梦想，这些梦想对孩子来说，有着无穷的魅力，发挥着巨大的牵引和激励作用。那么，家长如何鼓励孩子追梦，使孩子产生强劲的内驱力，这是引导孩子"走向100"过程中的一门不可或缺的艺术……

四年级的时候，小米就有一个小小的梦想，梦想拥有一辆自行车。看伙伴们在巷子里骑着自行车，吹着口哨，如燕子般轻捷穿梭，小米羡慕极了。可姐姐坚决不同意从自己有限的工资里支付买自行车的钱，一是没有计划这笔开销；二是想锻炼锻炼儿子的能力。她狠下心肠对小米说："想买自行车，自己挣钱！跟学习无关的东西，我不会资助你。"小米听了，觉得很没劲。一辆自行车少说也要200元，他小小年纪到哪儿去挣啊？

姐姐顺手一指："看见前面那个卖高庄馍的没，人家骑着自行车沿街叫卖，你也可以学他那样啊！"小米仔细观察了一下，发现果然不时有人来买高庄馍，他有点动心了，就跟着姐姐走过去和那人攀谈起来。

姐姐跟那人说，这个暑假想让儿子自己挣钱买一辆自行车，问能不能告诉他们去哪儿进货以及卖高庄馍时需要注意什么。才聊了几句，旁边一个买高庄馍的工人插嘴说："让孩子卖高庄馍，还不如让他卖冰棒。天热了，冰棒可比高庄馍好卖！"

这倒是个好点子！

母子俩心里一喜，可立刻又神色黯然。没有冰柜，怎么卖冰棒啊？

那个工人又说："要什么冰柜？租个冰棒箱子，每天就到我们的工地上去卖，100多号人呢！包你有钱赚！"

姐姐一听动了心，小米更是来了劲："叔叔，快带我们去看看吧！"那个工人很热心，马上带他们来到工地上。原来，离小米家不远的名流花园小区破土动工了。工人们个个干得热火朝天，汗流浃背。精明的姐姐看出来这里面的确有商机，二话没说就去租了一个冰棒箱子，并把自己的自行车借给小米，说："从明天开始，你就自己到工地上卖冰棒！"

小米有点激动又有点害怕，他扯着姐姐的袖子说："妈妈，明天第一天，你先陪我一起卖吧！我有点害怕！"姐姐看他那可怜样，心一软答应了。孩子毕竟是第一次挣钱，自己应该带一带的……

第二天，小米和妈妈早早地来到工地上。因为有昨天认识的那个叔叔捧场，一下子围过来好多人。大伙儿你一支我一支，小米他们带来的30支冰棒一下子就卖光了，根本不够卖的。小米赶快跟妈妈一起又去进了一箱货，第二箱比第一箱卖得更快。

工人们直接吆喝："喂，小家伙，把冰棒给我送过来！"

"我也要，5角的两支！"

……

随着冰棒一支支卖出去，荷包里的钱一点点地变厚，小米渐渐地不怎么害怕了，他还主动地叫卖起来："叔叔，买支冰棒吧！解解渴！"姐姐在旁边看小米带着帽子还晒得满脸通红，就拿了一根冰棒递给他。平时一贯贪吃的小米竟然舍不得吃，他装出厌烦的样子说："妈妈，我不想吃，再说这么大一根我也吃不完……"

姐姐暗笑，如果这不是他的"商品"，恐怕一口气就可以吃完三根呢，还"这么大一根吃不完"！也好，自己挣钱了就知道了生活的辛苦……

正在这时，一名工人说了一句让姐姐从心里笑开来的话："嫂子，你养了一个好儿子！"小米听到这句话，使劲地抿着嘴唇，也抑制不住脸上的笑意……

晚上，我特地来到姐姐家，看看他们一天的收获怎么样。小米兴奋地把卖冰棒的钱全部倒在床上，一遍又一遍地清点，1角1角的硬币，10个一摞，用透明胶粘好；1元1元的纸币，10张一叠，平平整整地夹在书里；至于那少许的几张5元、10元的纸币，他都能把发行的日期背下来……

当孩子能够凭着自己的能力挣到钱时，由此产生的成就感和独立感几乎无法用语言形容。我拿出纸笔帮他算账，除去本钱，净赚82元。这真可以说是开张大吉，不用说小米，连我和姐都受到极大的鼓舞。我甚至想，等小丫再大一点，暑假我也用这种方式去锻炼她的独立生活能力。

接下来，不用姐姐陪着，小米就自己到工地上卖冰棒了。从早守到晚，他既不淘气也不贪玩，挎着冰棒箱子在工地上来回转悠，生怕错过了一单小小的生意。

中午，我替姐姐给他送饭。看到这情景，我心疼地劝他歇会儿，别热坏啦！

他擦擦汗，调皮地说："我巴不得热坏呢，越热，我的冰棒卖得越多！"典型的现实版"卖炭翁"啊！

然而，好景不长，小米的冰棒只卖了三天。因为老天突然下起大雨，而且一下就是连着很多天。

听姐姐说，那些天，小米天天都看着雨唉声叹气，还说："为什么要下雨呢？为什么要转凉呢？唉……"

其实，小米卖冰棒的收获已经不错啦！

大家猜猜，这三天小米一共挣了多少？

整整230元！

他终于实现了自己的梦想：买了一辆"黑马"牌自行车！看看他自豪的样子吧，骑着自行车到处逛，浑身上下似乎有使不完的劲儿。

看着小米神采飞扬的样子，我知道是梦想成真使他获得了这种愉悦的情感体验。所以说，孩子的梦想是世界上最具价值的珍宝，它将带领孩子充满憧憬地去克服生活中的任何一个困难。而我们家长要做的，就是珍视孩子的梦想，并努力让孩子的梦想开花。

姜还是老的辣

第七章 创新实践——走向100

随着人们生活水平的提高，孩子的"压岁钱"越来越多，动辄成百上千，伸手即来的"压岁钱"让孩子欢呼雀跃，却给家长出了一道难题。如数上缴吧，对孩子的自主能力明显是一种压制，孩子还会产生逆反心理；放任自流吧，孩子思维简单，管理金钱的能力明显不足，身上钱太多也不安全。那么，父母要怎样做，才能既培养孩子的自理能力和理财意识，又能使其树立健康的消费观呢？其实，只要我们把"压岁钱"当成教育的大好契机，最大限度地让"压岁钱"增值，那么孩子在成长路上又稳稳地向前走了一步。所以，我们必须从现在开始，从每个孩子都拥有的压岁钱入手，讲好理财第一课，为孩子"走向100"做好必不可少的物质准备……

女儿大了，越来越不好"管"啦！这突出表现在压岁钱的问题上。

四五岁时，女儿收到长辈给的压岁钱就乐得屁颠屁颠地往我怀里钻，还嚷嚷道："妈妈，我把压岁钱都交给你！"

七八岁时，她就不往我怀里钻了，小大人似的跟我谈条件："妈妈，我把压岁钱都存在你这儿，你替我好好保管！"不管是上缴，还是替她保管，我都从心底体会到当妈妈的幸福。

可今年有点不一样，开学快一个月了，十岁的女儿还丝毫没有和我谈压岁钱的意思。她随时随地把那十几张百元大钞带在身边，哪怕只买1元钱的东西，她也不厌其烦地全部抖出来，完全是炫富嘛。我看得"眼热"，于是想出三招。

第一招：找她借！

话才出口，女儿轻蔑地一笑，说："老妈，从小到大，你借了我多少压岁钱？有借无还，再借免谈！"我满脸窘迫道："那都是过去，现在你长大了，妈妈哪有不还之理？看你这大把的钱天天带在身边，多不安全啊！"女儿"哼"了一声，连叫三声"老妈"，她一讽刺我就叫我"老妈"。

她冷笑着说："老妈，小时候的事我就不提了，但去年的事我相信你还没忘记吧？要不，我们一起来回忆一遍？去年过年，我一共收到1500元压岁钱。我收一家，你就找我借一家，你好意思吗？大年初一早上，我给你们拜年，你和爸爸给了400元压岁钱。钱还没捂热呢，你就开口找我借，我想反正是你们给的钱，借就借呗！可接着爷爷奶奶给的400元压岁钱你还想借，我不同意，你是怎么哄我的？你说，'乖乖，小孩子的压岁钱就是压压荷包冲冲喜，每家每户给的压岁钱放在荷包里压一个晚上就够了！'我当时还真以为这是风俗，初二早上，我就把爷爷奶奶给的压岁钱借给你啦！后来我每天收的压岁钱只带在身边过一个晚上，第二天早上你就准来借。借来借去，把我的1500元压岁钱全部借完，你才放了心！今年我打死不上你的当，不借就是不借！"

看小丫态度坚决，我的口气缓和了许多，又说："亲爱的宝贝，你误会啦！老妈从来没想过不还你的钱，只是还没到还钱的时候。比如等你考上大学，这些压岁钱一次性还给你，你用自己的压岁钱上大学，多光荣呀！"

"小时候，你说这压岁钱等我长到十岁一起还；我今年十岁，你又说等我读大学一起还；等我读大学时，你再说等我出嫁一起还，对不对？哼，老妈，你这一招已经严重失效……"

唉，一招不灵再来一招吧！

第二招：帮她存！

"请问存中国银行还是存建设银行？还不是存你这家没上市的妈妈银行！"女儿不屑。

我得来点实惠的，说："妈妈银行好啊，利息一月一付，想怎么花就怎么花，随用随取！"看女儿有点兴奋，我一激动，立马现出原形，道："只要你每次取钱跟我说明用途就行！"

女儿的脸色立刻沉了下去，不高兴地说："老妈，你在国家银行取自个儿的钱，人家还要你写明用途吗？哎哟，我还差点忘了，说到存钱我就想起来了，你去年帮我存的零用钱呢？我攒的170元零用钱存在你这儿，每次取钱都得缠着你要好半天。有一回，我想出去溜早冰，你还要我写一份用钱申请书，说是锻炼我的写作能力，学会书面表达……当时我就想，钱存给妈妈还不如存给钱包！真是自讨苦吃，笑话，一切都是笑话！还想我找你存钱，没门！"这一番天地良心的控诉，我还说得起话吗？

啧啧啧，第二招黄了。

第三招：叫她花！

女儿半信半疑："这么多钱，你准我自个儿花？"我肯定地点点头，心想：再不叫你花，就没我的份儿了！

我开明地说道："老妈想通了，女儿的压岁钱就该自己花，给你自主权，就看你怎么安排啦！"

看女儿满脸茫然，我开始引导："比如，买你平时想买而又没钱买的东西；买你正准备开口向妈妈要的东西；买你开学后需要用的东西；再把半年的零用钱留起来；也可以争取用自己的钱交给学校一个月的中餐费；还有早餐、牛奶、零食……"

女儿若有所思地点头，忽然间一拍手说道："天哪，我的压岁钱已经不够用了，妈妈，现在你就陪我去购物！"我扭头暗笑：姜还是老的辣，你还斗得过老娘！

上班的时候，我洋洋自得地把这个"压岁钱保卫战"的故事讲给同事听，她一声惊呼："哎哟，你怎么不早说？我儿子的压岁钱都是瞎整的，每一年我们家都为压岁钱的事斗气。就说今年吧，他怕我们家长把他的压岁钱占为己有，就包起来东藏西藏的，每天换个地方，换来换去，后来他自己都忘了钱藏在哪儿了，真是伤脑筋……"

看来，随着年龄的增长，每个孩子都会产生自主支配金钱的欲望，想控制他们不花钱已经不可能，那就顺应他们需要的方向，教他们学会花钱吧！只要培养孩子树立健康的金钱观，加强理财教育，让他在合理消费中尝试自我管理；同时注意提高他们的自控能力，教其懂得金钱的价值，那么就算给孩子随身拎一个钱袋，家长也没有什么惶恐吧？

胆小不是天生的

现在，有不少孩子非常胆小，尤其是女生。具体表现为不敢一个人睡觉，不敢到没有电灯的房间里拿东西，怕见到陌生人，羞于在课堂上举手发言……造成孩子胆小的因素是多方面的，除了先天因素和环境因素外，更重要的是教育因素。其实，大多数胆怯心理为后天形成，勇敢的品质是可以通过培养而获得的。温室里开不出经得起风雨的花朵，只有让孩子从小经受锻炼，让他们在实践中增强克服困难的勇气，他们才会敢于朝着"走向100"这个目标大无畏地挺进……

对于勇敢，成人的看法会有性别上的差异。我们常对男孩子说："你是男孩子，你要勇敢！"却容许女孩子从小就不勇敢。我也一样，总认为女儿生来就应受到保护，表现得胆小一些毫不为过。

给你讲个故事吧。

小丫三岁的时候，一天清晨，我起床后到操场上跑步。我跑得大汗淋漓，极尽酣畅，一时兴起就多跑了几圈。回到家，远远地就听到小丫的哭声，我飞奔上楼，推开门一看，小丫站在床上，一只手拿着电话，一只手在使劲地擦眼泪。

我赶忙抱紧她，把电话放好，轻声细语地安慰她："是不是电话把你给吵醒啦？没事，乖宝宝，小丫乖啊，再睡一会儿吧！"可小丫惊恐地睁着眼睛，指着电话，哭得上气不接下气。我好不容易把她安抚好，才弄明白事情的原委。

原来，小丫正在熟睡中，电话铃响了。

她拿起电话就问道："喂，你找谁呀？"

电话那头传来一个温和的男声："你是小丫吧？我要找的人就是你！"

小丫可开心了，因为从来没有人打电话找她，她奶声奶气地说："找我干什么呀？是不是想跟我玩？"

然而，电话那头的人厉声喝道："我是公安局的，找你就是要把你抓走！"

小丫一下子就吓哭了，那人还在电话里喊："你再哭，我现在就从电话线里穿过来，把你抓走！"小丫彻底吓坏了，她用手紧紧地捂着电话线，哭得地动山摇，伤心至极。

"是谁这么大胆，吓坏了我的小宝贝！妈妈一定会保护好你的……"说着，我按了回拨键，查找这个"恶人"。原来是我的侄儿——小丫的大表哥，他在跟小丫整恶作剧呢！后来，这个恶作剧就成了笑话，成了"小丫是个胆小鬼"的有力佐证。

"胆小鬼"的帽子压在小丫的头顶上，直到她读一年级时，我都在找机会帮小丫甩掉这顶帽子，可小丫总是放不开。一个人睡觉害怕，看见毛毛虫也怕。在妈妈的荫庇下，她什么时候才能勇敢起来呢？

机会终于来了！国庆节学校放假，本来我们说好要回乡下奶奶家度假，可这天我要加班不能请假，小丫嚷着要回奶奶家——奶奶一大早就在小镇上的车站等着呢！我想，这正是锻炼小丫胆量的好机会，于是我试探着说："小丫，不如这样，你一个人坐车回家，反正奶奶就在车站等着，一点儿也不用怕！"小丫眼睛睁得老大，嗫嚅着说道："我一个人坐车回家啊？不行不行，我会害怕的！"

我温和地问："那你告诉妈妈，你究竟怕什么？这边我送你上车，那边奶奶在车站接。坐在车上有什么可怕的呢？我把票买好，给售票员阿姨交代一声，让她一路上关照你……"

小丫犹豫良久，预想了N种可能，而我进行了N次解答。

要是碰到人贩子怎么办——你不跟陌生人说话，人贩子就无从诱惑；要是碰到小偷怎么办——你年纪小又没什么贵重物品，小偷不可能光顾你；要是碰到坏蛋怎么办——坏蛋不知道你是一个人独行，还以为你是售票员的女儿，绝对不敢轻举妄动……

我信誓旦旦道："因为你是第一次独行，妈妈会绝对保证你的安全。放心吧，小丫，你路上出了问题我负责！"尽管我努力给她足够的信心，最后她还是要亲自跟奶奶通电话，确信奶奶就在那头车站等她，才恋恋不舍地拎起书包，带上我给她准备的点心和水，忐忑不安地上了客车。

实际上，从她坐车离开我的视线开始，我的心就提起来了。虽然小丫聪明伶俐，但毕竟是第一次坐车独行；虽然每个环节都交代好了，但不怕一万只怕万一；虽然只有50公里路，但途经小站要多次停车；况且，她还有点晕车；一坐车就爱打瞌睡……思来想去，我甚至觉得自己有点狠心了。

就在我焦躁不安的时候，电话铃响了，小丫在电话那头咯咯地边笑边说道："妈妈，我到啦，我见到奶奶啦！一路上我没睡觉也没晕车，我的眼睛睁得大大的，书包抱得紧紧的，就怕碰到了坏人……"小丫奶奶接过电话，说道："可怜的孩子，你给她的5元零用钱都被汗打湿啦，她怕放书包里会被小偷偷走，就一直捏在手心里……"

我心里的一块石头落了地，甚至有了一种成功的窃喜。既然她已经迈出了勇敢的第一步，就让她再迈出第二步吧！返程的时候，我和她奶奶商量好，她送上车我接下车，和去时一样，让她一个人坐车，锻炼胆量。果然，回程中她表现得非常轻松。

"坐车独行"成功之后，小丫彻底甩掉了"胆小鬼"的帽子，人前人后神气得很，她一遍遍地和别人说："你知道吧？我可不是胆小鬼，我读一年级时曾经一个人坐车回老家，一点都不怕！"只要涉及"勇敢"这两个字眼，她都会骄傲地提起这次坐车独行的经历。

不得不承认，这次勇敢的独行经历一直激励着小丫，使她认识到勇敢是一种好的品格。我也庆幸女儿有这样一次勇敢的经历，因为不仅在成长的旅途中，需要用勇敢的精神去克服各种困难，长大后也需要靠这份勇敢的精神去争取事业的成功。

罗马有多远

我们常说："条条大路通罗马。"到了"罗马"，也就标志着收获了成功。然而，成功的定义各不相同。不管是做人，还是做事，每个家长对孩子的要求不一样，但有一点必须认同，那就是变则通，通则久。事物时刻都在发展变化，做事不可顽固不化，要学会灵活变通。当我们依靠智慧解决问题的时候，就会发现其实很多事并不像我们想象的那么难，只要开动脑筋，成功就在我们身边。"走向100"的人生正是靠这样一个个的成功串联起来的……

小丫想要一辆自行车，尤其是当她看到哥哥小米已经靠自己卖冰棒的钱买了一辆自行车后，这个愿望更加迫切。我希望她跟哥哥一样，靠自己的能力挣钱买，可这种想法目前有点不切实际。

小丫才读一年级呢！可这么小的人儿心咋这么大，想要一辆自行车？先别急，人家的要求可不高，她要的是那种矮矮的、后面带两个活动式小轮子的四轮自行车。作为一个深爱孩子的母亲，我能拒绝吗？当然不能！

我骑着自行车载着小丫到商店一看，还真长了见识。别看这种自行车小，价钱可不低，比小米的"黑马"牌自行车还贵50元呢！这可不能轻而易举地就给她买了，容易得到的东西，往往不会珍惜。因此，我没有当场买下来，只是说回家考虑一下再说。

走在回家的路上，小丫一个劲儿地缠着我，描绘骑自行车的种种精彩。她甚至诱惑我说，有了小四轮自行车，她以后上学就不用我送，还可以骑着自行车帮我打酱油呢！看样子给她买小自行车已经势在必行，可我再怎么也得给她一点考验啊！刚好前面有段上坡路，于是我停下来，对她说："如果你能把妈妈的大自行车推上坡，你就有了买小自行车的资格。注意，不能要任何人帮忙，包括妈妈！"

小丫大喜，冲过来推着自行车就走。殊不知自行车也是极有个性的，小丫往左推它就向右拐；小丫往右推它就向左转。小丫急了，张口就喊："妈妈……"我连忙摇手："有言在先哦，妈妈也不能帮忙！"小丫满脸通红道：

"我就不信邪,我推,我推……"我得意洋洋地袖手旁观。

小丫把重心都扑到座位上,可是手臂又不够长,掌握不了车头的方向;她放开座位,一手扶车把,一手想扶后轮。刚用了一点劲儿,后轮前进了,前轮却不听话地朝右一拐,自行车扭成了一个斜着的"V"。小丫手忙脚乱,急忙道:"妈妈,这是怎么弄的呀?你给我说啊!"我笑了,不慌不忙道:"不帮忙就是既不动口也不动手,恕不奉告,我的乖乖……"

小丫一听没指望,就把自行车靠在路边的树干上。我以为她要放弃,没想到她取下书包,把书包带子套到自行车的龙头上。然后,她站在自行车的前面,用书包带子拉着自行车往前行。我大开眼界,连声称赞她"肯动脑筋",因为我从来都是看人推自行车,没见过人拉自行车。

小丫人小力气小,走在上坡路上,稍松口气,自行车就往后退。她涨红着脸说:"妈妈,不要你帮忙,你只用在后面给我看着点,我不回头一个劲儿往上冲!"

小丫果然一鼓作气,拉着自行车歪歪扭扭往坡顶爬。虽然坡度不大,坡身也不长,但对于一个刚满七岁不会骑自行车的小姑娘来说,还真是一种挑战。她把自行车拉上坡顶,书包带子往我手里一塞,就一屁股坐在地上直喘粗气。

我试探性地问道:"拉自行车都这么累,更何况骑了,还是不必买吧?"小丫一骨碌爬起来,杏眼圆睁,说:"我要买,我现在就要买!"嗨,勇气可嘉!我立马调转自行车车头,载着小丫往回转,给她买了那辆色彩斑斓的小自行车。

这辆小自行车让小丫爱不释手。每天作业一完成,她就骑着它在小巷里转悠。不用担心她摔着,因为她总是把那两个活动式小轮子放下来,相当于骑了一辆四轮自行车——前面一个轮,后面三个轮。这辆独特的小四轮让她在伙伴们面前风光无限,有事没事她就骑着"走秀"。即使我步行上街,她也跟在我身后骑得铃铃作响。碰到小沟小坎,她根本不屑一顾,双脚拼命地蹬,也要蹬过去。

可也有运气差的时候。菜场门口的路上要排水,用水泥砌了一个小小的护坡,小丫骑着自行车怎么也冲不过去,再怎么拼命蹬也是瞎子点灯——白费蜡。她自作聪明地冲我说道:"妈妈,我骑着使劲地蹬,你在后面使劲地推,我就不信冲不过这个坎儿!"

我才不上她的当,有本事自己骑着过去,没本事自己推着过去!

她冲了一次又一次，就是过不去。我看得有点心灰意冷，自顾自地拎着菜往前走了。可我还没进巷子口，就远远地看见小丫骑着小自行车向我招手。没看见她从我身边过去啊，怎么……

　　小丫神气活现地说："那个小坡我冲不上去，正犯愁呢！忽然发现路边有一块小木板，我把木板搭在水泥坡上，变成了一座小桥，一下子就骑过去啦！过去后，我发现前面岔路口还有一条小路，我想骑着玩一会儿再追妈妈，没想到这条小路也通到家里的巷子口。这不，我还比你先回来呢！妈妈，从菜场到这儿，我没有下来过，一直骑回来，你信吗？"

　　看她春风满面，我能不信吗？小小的她为什么能把大人的自行车推上坡？为什么能搭座小木桥越过坎儿？答案只有一个，她善于变通！

　　世上无难事，只怕有心人。不管遇到多大的麻烦，灵活变通的人都会找到解决问题的办法。在解决问题的过程中，切记不要生搬硬套，要根据自己的情况活学活用。只有弱者才受制于环境，而智者则善于巧妙地利用环境，使一切问题都迎刃而解。让我们的孩子都学会变通，成为智者吧！

我给女儿发工资

　　财商，就是理财能力。在经济发达的现代生活中，理财能力是生存能力的重要组成部分，对孩子来说，学会理财，不仅仅是如何用钱的问题，还包含多方面的教育内容和多种能力的培养；对国家来说，关系到驾驭未来经济的人才。但遗憾的是，一直以来，理财教育都是我们教育的盲点，没有引起家长足够的重视。当孩子越长越大，零用钱越来越多，超高消费、畸形消费现象愈演愈烈，我们该如何加强孩子的理财教育？如何培养孩子的高财商？这是每个希望孩子"走向100"的家长不能逃避的重要话题……

　　在孩子的成长过程中，大多数妈妈都问过这句话："我对你这么好，你长大了怎样报答妈妈呢？"可怜我也是这样一个俗人！我问了，小丫答了，只是她的回答让我大跌眼镜。她非常认真地说："我长大了买钱给你用！"我当场晕菜，暗暗责怪我自己：孩子长到七岁，还从来没有自己用过钱，更谈不上教她如何理财。先让她知道钱是怎么来的吧！

　　目前跟她密切相关的就是学习，那就从学习入手。我真诚地对她说："你每次的数学家庭作业只要一题没错，我就奖你1元，现场开奖！"她喜滋滋地答应了，我也为自己的一箭双雕而得意：这样既可以调动她的学习积极性，又可以培养财商……可是女儿是个典型的"马虎小姐"，每次就差那么一点点，不是看错题目就是计算出问题，再不就是忘记写"答"。实战一周之后，最后一个晚上她才把题目全部做对，我当场兑现自己的诺言，奖励1元。她响亮地抛来一个飞吻，长叹一声："唉，赚妈妈的钱不容易！"

　　来之不易才会倍加珍惜！我继续拓展这个创意：单元测试满分奖1元；期中期末满分奖5元；三颗星的试卷全部做对奖2元；在学校得奖一次奖3元。小丫也不是吃素的，她马上伸手向我索要3元，告诉我她在学校得奖了。那奖状呢？奖品呢？荣誉证呢？小丫吸吸鼻子："老师当着全班同学夸我真棒，不信你可以问沙沙！"原来她说的是口头嘉奖，好！这个也算，口头嘉奖一次5角。

　　两个月后的一天，我可怜巴巴地对小丫说："小米的奶奶住院了，妈妈手头紧，想买水果看望又没钱……"小丫慷慨地掏出她的小布袋："妈妈，把我的钱给你买，13元5角，一分没动！"我买了香蕉、苹果和西瓜。小丫一看光西瓜就要6元，在旁边急得直蹦："妈妈，我只付西瓜钱，别的我不管！"这家伙，又想让我帮忙，又怕把她的钱花光！对于金钱，她有了一种疼惜的感觉，这不能不说是一种进步。

可我才开心两天，她又找我谈判，说了一大堆的理由，我归结为一条：抗议挣钱的门路太少。刚好我也有让她学习理财的动机，于是就制订了"周薪制"。每周薪水2元，表现好还有奖金；自己的钱自己花，只要把花的钱做一个记录就行。小丫一听欢呼雀跃，我严肃地说："有工资就有工作，你的工作就是做力所能及的家务活，像饭前端菜摆筷子，饭后收拾桌子，自己洗手绢、袜子等等，如果每晚拖卫生间，一星期另外奖2元！"

小丫果然勤快，每晚我们洗漱完毕，卫生间里就传来哗啦哗啦洗拖把的声音。我悄悄窥视过：那干劲可是十足呢！但一到星期六，她就毫不含糊地拿着笔找我："工资表呢？我领工资我签字！"为了让她自主自律，我买了一个漂亮的钱包送给她："我希望你的钱包里随时有钱，哪怕只有一角都行，如果哪天我发现一分不剩，那以后的工资都存我这儿！"我悄悄翻过女儿的钱包，最少也留有2角。看来，"任何时候都要给自己留余地"这句话她听进去了。

有时候我实在有点不忍心，毕竟才七岁多的孩子，每晚拖卫生间是不是有点辛苦……我刚把这个意思说出口，小丫就愤怒了："你想反悔呀？我不劳动我不生活吗？"我含着眼泪笑了。

九月，小丫读二年级，工资每周又涨了1元。我鼓励她说："你升高一个年级每周涨1元，坚持到六年级你的工资就是每周7元，加上奖金可以领一张10元大钞呢！一周10元，一个月四周，哇，你一个月的工资就是四张10元大钞啊！"这笔账把小丫算得心花怒放，她举着我自制的存折本嚷嚷着："到那时，我这本存折存不下，我就跟你一样存到银行！"

学会了挣钱还要学会花钱。自从实行"周薪制"以来，我就让小丫在她的存折本上记流水账，每周过目，做一下分析指导。今天我懒得翻本子，叫她直接报账。小丫一言不差，买零食用1元，买钥匙扣用8角，买铅笔用5角，合计开支2元3角；还存3元5角。咦，薪水才2元，不仅超支3角，居然还有余钱存，她的财商不是高，简直是超常！问了半天她才羞答答地说，是她老爸又暗暗赞助了一笔。我生气了，以后还要加强对"老头子"的管理……

正在气头上，小丫却突然说："妈妈，我要预支两周的工资！"我眉头一皱，我的理财教育还没讲到"预支"这一课！她不紧不慢地说："你看，我的存折本上才13块钱，这几天你有点咳嗽，我想给你买瓶川贝膏，可钱不够！"我鼻子一酸：我给女儿发工资，不仅教会了她用劳动创造财富，还使她懂得了让亲人分享劳动成果，这些与我期望孩子收获的相比，我所得到的不是很多吗？

生活中，财商是一个人最需要的能力，也是最容易被人们忽略的能力。在财商的培养中，孩子不仅拥有了正确的金钱观，科学的理财观，而且懂得了做一个富人还不够，还要成为一个勤俭节约的人，一个积极快乐的人，一个品质高尚的人。为这样的结果而教育，是一件多么美好的事！

老家有棵银杏树

环保是现代社会中人类面临的巨大问题，也是当前备受关注的话题之一。环境的好坏关乎人类未来，作为地球未来的主人，保护环境也是孩子们需要关注的一件事。不过，要让小小年纪的他们懂得如何保护环境却不是一件容易的事。其实，家长可以根据孩子的心理特点以及可接受水平，有计划、有目的地利用各种途径对孩子进行环保教育，培养孩子良好的环保意识，激发他们热爱自然、珍惜自然资源的美好情感。在幸福生活中，我们教育孩子与环保同行，就是在为孩子营造"走向100"的绿色家园……

老屋的后山上矗立着一棵高大挺拔、独一无二的银杏树。银杏树的树皮是灰褐色的，上面有许多小疙瘩，用手摸上去非常粗糙，像老人裂开的皮肤。树枝是从中间长出来的，无数的树枝像巨人的手臂一样向四面八方伸展着。这棵罕见的银杏树给我的老家增添了无限的生机——可惜，这是我最近带小丫到后山上捡板栗才发现的，其实这棵树早已在那里站了N年啦！

我陪小丫在树下转悠，小丫捡了一片树叶，说："妈妈，看这片树叶真漂亮，奶奶说，这是白果树叶子！"我故意逗她："呀，白果树就是银杏树，非常值钱！你别对外人讲，我们悄悄卖了吧！"她杏眼圆睁："不，银杏树是国家珍稀植物，是全社会的财富，每个人都应该保护，对于伤害国家保护性动植物的人要依法惩处！"呀呀呀，道理一套一套的！

我进一步试探她："那我们把它卖到大城市去，免得它长在这深山老林里只供少数人享用。其实，这也是浪费资源啊！"小丫气得直跺脚："妈妈，明天回小城里的家，我就把书找给你看！刚才这段话，就是书上的！"书上的？哪本书？小丫理直气壮："思品书，我的思品书。你服不服？"我举手作投降状："服，不是一般的服！因为你是看书上的我才服！"她得意地晃晃手中的银杏树叶："看来，读书还是有用的，不然妈妈怎么会服气呢？"

吃了午饭，小丫找爷爷要一把铲子、一个竹篮，扯着我去给银杏树施肥。刚刚她听奶奶说农家肥是最好的肥料，所以她想去捡点牛粪倒在银杏树的树脚下。我心里暗暗叫苦：谁叫我眼明心亮，一上山就发现了这棵珍稀植物？如果我不积极配合，天知道还有多少条"罪名"等着我？于是，我本着不伤害孩子幼小心灵的态度，表现出十二分的热情，带着施肥工具陪她来到了后山。

山上银杏树不常见，牛粪却多得是。我蹬掉高跟鞋，三下五除二就捡了一大堆。我以为我会得到小丫的表扬，没想到她对我的积极嗤之以鼻："哼，你还当老师呢！你把这牛粪都紧紧地围着树干，银杏树还喘得过气吗？"我心里一震：敢情她把银杏树当成人呢！一个自己都需要照顾的小丫，还有这么细腻的心思来替一棵野生的银杏树考虑！此时此刻，我真真切切地感受到了什么叫惭愧。

只见小丫捡来一根小棍，小心翼翼地把挨着树干的牛粪往外扒，那样子好像生怕弄痛了银杏树。我也讪讪地拿起小铲子给她帮忙。最终，我们在距树干一指宽的地方，用牛粪围了一个圈。我心想：这堆农家肥足够这棵银杏树一年的营养了吧？

可小丫不放心，在老家住了一个星期，她每天上午都要拉着我去看银杏树。她毕竟才读三年级，一个人到后山上还有点怕呢！我当然不能白白地陪她，当我听到她对银杏树说："银杏树，你快点吃啊！把这些肥料吃完快快长大！"我就知道有戏了。果然，我要求她回去后写一篇《我爱银杏树》的作文，她爽快地答应了。但她也知道条件是可以用来交换的，她希望我们回城的时候，再陪她来看看银杏树。这当然可以，一个星期六天都陪过了，第七天再陪一陪，有什么关系呢？

没想到还真的有点关系。当我陪着小丫来跟银杏树告别的时候，意外地发现银杏树的树干上掉了一块皮。小丫心疼地用手摸来摸去："可怜的银杏树，是谁伤害了你？我要给你报仇！"这仇自然是没法报的，因为据小丫奶奶的准确分析，树伤肯定是谁家的牛到树底下蹭痒痒造成的。

看着新鲜的树汁从树干的伤口流出来，像人的眼泪，小丫更加伤心。我这时候也开始恨那头蹭痒痒的牛，哪儿不好蹭，偏偏蹭小丫珍爱的银杏树！现在倒好，小丫抱着树干不肯走，非要我给银杏树疗伤不可。我哪有这本事啊？抓耳挠腮的时候，我瞥见了小丫书包里的围巾。我抖开她的围巾要给银杏树包扎，小丫一万个同意："妈妈，可以！等我回了家，再用零用钱买一条！"

我用围巾绕着银杏树缠了一圈，刚好把伤口缠得严严实实。末了，我把围巾系成一个小小的蝴蝶结。有了这条红色的蝴蝶结，银杏树好像一下子有了活力。我安慰小丫说，也许等我们下次回来，银杏树的伤口就长好了，说不定吸收了这些农家肥，还能长出一块新的树皮呢！小丫将信将疑，恋恋不舍地离开了银杏树……

半年以后回老家过年，再带小丫来看这棵银杏树时，发现那条包扎伤口的围巾已悄然褪色，那围着树干的农家肥也了无痕迹，而银杏树却更加枝繁叶茂，满树枝叶哗哗作响，好像在唱一支欢迎我们的歌。

家长常常希望自己的孩子能拥有真正的绿色家园，能干一番"功在当代，利在后世"的宏伟事业，那不如就给他灌输环保意识，让他从小就参与到环保中来吧！让孩子们亲近动植物，观察、了解、照顾它们，从一棵树开始，培养孩子热爱自然，珍惜资源，关心和保护环境的情感。

我和金钱有个约定

什么是金钱观？简单地说，就是对金钱的认识、分配、使用方法的思考与行为模式。现在的父母往往只注重孩子的学习，而忽略培养孩子的正确金钱观，这为其成年后的理财理念和技能都埋下了隐患。其实今天的社会已经进入了商品社会，孩子在很小的时候，就认识钱——这个神奇的东西，而且不可避免地要与金钱打交道。对每个家庭来说，如何帮助孩子协调欲望和资源之间的关系，培养一个在经济上有责任感的孩子，是教育之重。如果孩子拥有正确的金钱观，善于处理自己的金钱事务，那么就会轻松自如地到达"走向100"这个目标，而不会被物欲所累……

小米的干妈来了，给小米20元零用钱，小米一个劲地推辞。干妈又加了30元，真诚地递给小米："小米，这是干妈给你的零用钱，你不要，干妈就收回去啦！"小米不好意思地笑："我不要，不要！"他嘴里说不要，手却伸过去一把接过钱："嘿嘿，不要才怪！"

干妈走后，姐姐冲小米发了一顿脾气："你这贪财样，干妈看了就寒心，哦，20元坚决不要，50元一脸笑，你就不怕人家背地骂妈妈，对孩子没有教育好？"小米委屈地直挠头皮："开始我是真的不打算要，因为你说过不能随便要别人的东西。可是，我也没想到她后来加到50元，不要白不要！你知道我要攒好些日子才能攒到50元啊！"

我觉得好气又好笑，好气的是小小年纪竟然开始萌生拜金思想；好笑的是这种小孩子的把戏充满幼稚。我还没劝三句话，姐姐就牢骚满腹，抱怨我不该怂恿她给孩子搞什么财商训练。理由是，自从小米知道钱是个好东西后，就变得有些"唯利是图"，掉到钱眼里去了。你让他帮忙倒杯水，他收费5角；你让他给你拿双拖鞋，他收费1元。甚至姐姐不小心掉下来的几元钱，他也硬要据为己有。讨价还价的事时有发生，穷要嘴皮子烦人！姐姐长叹一声："唉，还是以前好，他根本没有钱的概念，整天糊里糊涂的，多好！"

我只一句话，就无情地粉碎了姐姐的梦想："可是，孩子总是要长大的，你现在逃避有什么用呢？"我告诉姐姐，当务之急是要小米明白，他也是家庭中的一分子，做力所能及的家务活是应该的，不应当索取报酬。但是额外的家务活可以适当给予奖励，这样既可以给孩子提供一个赚钱的机会，也能够培养孩子的责任感。

听说还有赚钱的机会，小米很高兴。但他非得让我指出哪些是应该做的，哪些是额外做的。我想了一下，说："目前你才十岁，在家里面做的都是应该做的，在外面做的都是额外做的。比如，帮奶奶把菜园里的草拔干净，就算是额外做的，奖你2元。"姐姐欲言又止，她认为2元钱多了。她对孩子用钱方面管得太紧，这也是小米看重钱的原因。俗话说，有劳就有得，那片菜园很大，除草这份劳动，应该值2元的劳务费。

为了提高他的劳动积极性，我先把2元付给他。果然，他干得很欢，在菜园里眉飞色舞的，一直干到天黑才罢休。除了拔草，他还义务把通往菜园的路铲得干干净净。

这以后，小米就缠上了我，经常向我讨要能赚钱的"项目"。我跟姐姐统一思想，给不给赚钱的"项目"取决于他对日常家务劳动的态度。日常家务劳动干得多，额外的家务活就多，奖金也就多。这"三多"的结果是孩子不仅养成了爱劳动的习惯，还表现出一定的家庭责任感。

日子一久，姐姐又发现了新问题。小米的零用钱增多，有了钱就变坏，他开始瞎花钱了。该买的要买，不该买的也要买。最近姐姐和小米经常性的矛盾就是和购物有关。买还是不买，成了大人和孩子之间无休止争论的焦点，今天在商场里又出现了令人头痛的母子对峙场面。

原因是小米看中了商场里的两个东西———一根彩色的室内跳绳，一把喷水手枪。跳绳25元，玩具手枪15元，可小米手里只有28元，所以他跟着缠着、哼着嚷着，要姐姐支援。姐姐恼火："如果是学习用具我还可以考虑，家里的玩具一大堆，还要买！"说完转身要走，小米扯住姐姐的袖子："我不是要你买，你借钱给我自己买，以后挣了钱再还给你！"

"那你什么时候还？怎么挣钱还？"姐姐有点磨不过小米，我赶紧圆场："小米，不用借钱！这两个东西你可以二选一，不论选哪一种你手里都还有余钱。下次等你挣够了钱再来买另外一个，光明正大的，用不着求谁！你放心，商场里的东西是卖不完的……"其实，我也可以帮小米实现同时买两个玩具的小小愿望，但我不能这样做。任何愿望都立刻得到满足的孩子，长大了难以胜任大事，也难以从工作和生活中得到快乐，产生幸福感。我觉得就应该这样让孩子从小事中学会节制自己的欲望。

　　姐姐对我的意思心领神会，她催促小米："快点拿主意，要不买一个，要不一个也不准买，你自己挣的钱妈妈也有权监督管理！"小米忍痛割爱，最终选择了那把便宜点的玩具喷水枪。离开商场，他忍不住回头看了看，暗下决心："我一定要攒够25元，来把跳绳买回家！"可以！只有不断地和金钱有个约定，才会确定一个个储蓄目标……

　　所以说，培养孩子健康的金钱观，让孩子学会合理地支配金钱，不仅仅要使孩子通过打工了解赚钱的滋味，更应该训练孩子的责任感，教育孩子学会取舍。当他和金钱有一个短期的或者长期的约定之后，他才会朝着自己锁定的那个目标去努力，有办法、有能力去赚钱，有节制、有计划地花钱。

第七章 创新实践——走向100

亲在大自然

大自然对于孩子来说，是一本生动的无字教科书。只要一打开这本书，就会有一个色彩斑斓的世界展现在孩子面前。孩子走进大自然，经历大自然的洗礼，他们才会知道大自然有多么神奇。有关调查结果显示：一个在大自然怀抱中成长的孩子会比很少接触自然的孩子具有更丰富的个性、更敏锐的感觉和更强势的创造力。相反，如果一个人在童年时期很少接触大自然，长期生活在单调的环境中，他的个性就会受到压抑，甚至会变得郁郁寡欢、焦虑不安，与人的交往也会发生困难。所以孩子在"走向100"的过程中必须用心感受大自然的魅力……

暑假里，小丫作业做完就整天待在家里看电视，偶尔作作画、弹弹琴。这样下去不是会把眼睛看坏吗？每天足不出户，又能有什么收获呢？我竭力反对她整天闷在家里，就劝她："孩子，出去玩吧！亲近亲近大自然，哪怕你捉个蛐蛐儿，或者观察蚂蚁什么的，也比躲在家里有趣啊！"小丫只是一个劲儿地抱怨："哎呀，外面多晒啊！""哎呀，我怕蚊子咬啊！"

看她整天待在家里，走进走出，就是走不出大门，我给她下了最后通牒，每天上午出去玩，下午弹琴、练字、看电视。没有伙伴可以到姨妈家叫上哥哥小米，反正两家相距不过百米远。我恶狠狠地说："只要我下班回来，看到你待在家里，没有出去玩，我就罚你写作业！"小丫听了龇牙咧嘴："请问罚多少作业？"我知道她仗着学习好，做作业对她来说是轻而易举，便夸张地说："买一本试卷，把你整个四年级的课程全面复习一遍。"小丫有点郁闷："从来没见过你这样的妈妈，硬逼着孩子出去玩！"

第二天一早，她果然约上小米打算到实验中学校园里玩。学生们都放暑假了，那个绿树成荫的校园，应该是亲近自然的好去处。我怕他们敷衍我，所以规定时间："不到两个小时不准回来，在树荫下办家家都成；回来还要讲一讲自然见闻。"小丫哭笑不得："哥哥失算了，他跟我计划好，一人带1元到奶茶屋喝茶，有空调又不晒，回来就说我们到大自然中玩耍过了……"

我以为批准孩子出去玩、亲近大自然，孩子们会兴高采烈，没想到他们反

173

复推诿。看样子"厌动症"这种现代病在两个孩子身上已初见端倪，越是这样我越是要推广"亲自然"这个绝招。其实在保障安全的前提下，不用家长带，孩子自己也可以去亲近自然。比如城市园林式的小区，就是孩子们自由自在玩耍的好去处。小区内设监控，外站保安，我每天把他们送到小区门口，两小时后准时在小区门口接他们，就像接送上学一样安全准时。当然这种亲近自然法必须打一枪换一个地方，每天有不同的小区等着他们，而且小区的景色各不相同，孩子们充满了好奇。

今天小丫回来说："妈妈，我发现A小区里有棵小枣树，枣树上还结了四颗枣呢！哥哥说，等枣熟了我们再去，一人吃两颗……"

明天小米回来说："小姨，我发现B小区的树上有一个鸟窝，有一只彩色翅膀的鸟儿飞进去了，下次把你的手机借给我，我给小鸟拍个照，查查看这种鸟叫什么名字……"

还有更神奇的！他们发现C小区的树和人一样，还挂着吊瓶输液呢！小丫忧郁地说树生病了，小米看了输液袋上的说明，说树没有生病，在吸收营养呢！他们争来争去也没明白，就来问我，我解释不清就问电脑。结果胜方踌躇满志，败方大开眼界，各有所获。

有时候我也提倡孩子们带书去看。坐在清风阵阵的树荫下，放眼如茵的草坪，聆听花开的声音，书、人、景融为一体，真是一种莫大的享受。小丫说她从来没发现天是如此的蓝，小米说他从来不知道在大自然里看书，眼睛是如此舒服……半个月后，小米终于发现我是个"人才"，他由衷地佩服："小姨，这简直就是不花钱的旅游！"

我能心安理得地接受赞美吗？不能！我必须承认，带孩子们到小区里亲近自然，有投机取巧的嫌疑。如果有时间有精力，最好带孩子到真正的大自然中去看一看，走一走。不一定要去名山大川，也不一定要大费周折。于是选好日子，我就带着两个孩子，如走亲访友一般登上城外的一座小山。

季节正是春天，映山红开得正艳，兰草花香得正浓。红花掩映在青松翠柏之中，香草生长在峭崖斜坡之上，这儿一丛，那儿一簇。两个孩子欢呼雀跃，他们在比赛，谁发现的花多，谁就是"花仙子"的化身。

小丫眼睛亮，她远远地看到花后惊叫一声；小米力气大，他在小丫惊叫一声后立马就跑到花的旁边，把这个"发现"据为己有。小丫只能看着干瞪眼，谁叫她胆子小，跨不过沟沟坎坎呢？后来，小丫发现小松树下有一簇映山红，这回她学稳重了，既不叫也不喊，而是轻手轻脚地往小松树旁边走。可是到达小松树的路上有障碍——隔着一条窄窄的深沟，我暗暗同情小丫：这可又要便宜小米啦！可小丫捡来一根树筒子横在小沟上："妈妈，帮帮我！"我扶着小丫走过临时的"独木桥"后，小丫取得了这场比赛的终极冠军……

　　事实证明，让孩子到大自然中玩耍是大有好处的，不仅是接触大自然，满足好奇心；不仅是培养观察力，启发思维，促进大脑发育；更重要的是还能锻炼体魄，增强体质。在种种好处的召唤下，带孩子去亲近大自然，这种亲怎么会不根植于内心呢？